GÉOGRAPHIE & HISTOIRE

DU LIMOUSIN

(Creuse. — Haute-Vienne. — Corrèze)

DEPUIS LES ORIGINES JUSQU'A NOS JOURS

Par Alfred LEROUX

*Ancien Élève de l'Ecole des Chartes et de l'Ecole des Hautes Études
Archiviste du département de la Haute-Vienne.*

LIMOGES
Vᵉ DUCOURTIEUX, Libraire
10, Rue des Arènes, 10.

TOULOUSE
Eᴅ. PRIVAT, Libraire
45, Rue des Tourneurs, 45.

Janvier 1890

GÉOGRAPHIE & HISTOIRE

DU LIMOUSIN

(Creuse. — Haute-Vienne. — Corrèze)

DEPUIS LES ORIGINES JUSQU'A NOS JOURS

Par Alfred LEROUX

Ancien Eleve de l'Ecole des Chartes et de l'Ecole des Hautes Etudes
Archiviste du département de la Haute-Vienne.

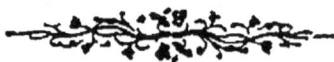

LIMOGES

Vᵒ DUCOURTIEUX, Libraire

10, Rue des Arènes, 10.

TOULOUSE

Ed. PRIVAT, Libraire

45, Rue des Tourneurs, 45.

Janvier 1890

AU LECTEUR

Il n'existe pas encore d'*Histoire du Limousin*. Les ouvrages qui se sont donnés comme tels n'ont jamais répondu qu'imparfaitement à leur titre. Bonaventure de St-Amable en 1684 et Duroux en 1811 n'ont rédigé que de sèches annales qui d'ailleurs n'apprennent absolument rien sur certaines régions de notre province; Joullietton n'a traité que de la Marche du Limousin (1884); Barny de Romanet s'est surtout occupé des mœurs et des coutumes (1828); Leymarie n'a parlé que de la bourgeoisie (1846), et Marvaud a brisé en deux l'unité, fort réelle cependant, du Limousin proprement dit (1842 et 1873). Aucun de ces auteurs n'a d'ailleurs essayé d'aborder son sujet sous toutes les faces, en sorte que le sentiment que laisse la lecture de leurs livres est celui de la déception.

Un jour viendra où l'histoire du Limousin pourra être racontée en six ou huit volumes. Présentement un seul suffirait, si tant est que l'on veuille mettre quelque proportion dans l'ensemble. Ce volume nous le tenterons peut-être plus tard. Aujourd'hui nous allons au plus pressé. Connaissant par expérience l'embarras de ceux qui veulent être, en quelques lectures, sérieusement renseignés sur le contenu de notre histoire provinciale et se tirer des questions préliminaires sans recourir aux travaux d'érudition, nous nous bornons à présenter un *Précis*, dans lequel nous nous sommes efforcé de faire entrer, sous une forme narrative, tout ce qu'il y a d'essentiel à retenir dans le passé du Limousin, mais en insistant plus particulièrement sur certains moments et certains caractères de ce passé.

Un premier chapitre, de géographie historique, nous a permis de rassembler, pour la première fois, dans le cadre de l'ancien Limousin, les principales notions positives de la géographie physique, de l'administration publique et de l'archéologie historique. Bon nombre de ces notions n'avaient jamais été fournies ou étaient depuis longtemps perdues de vue. Nous les avons classées sous la forme la plus véritablement didactique, c'est-à-dire par vallées et par régions. Cette méthode, qui pourra paraître nouvelle en Limousin, a le mérite d'éclairer l'histoire par la géographie et de compléter la géographie par l'histoire en rapprochant constamment des notions d'ordre et d'époque différents. La terre et l'homme ne sont plus arbitrairement séparés l'un de l'autre.

Nous n'avons point craint de nous répéter lorsque les répétitions nous ont paru utiles. Nous n'avons pas hésité davantage à pousser notre étude jusqu'à l'époque contemporaine : la loi de la continuité historique en reçoit une plus forte démonstration.

Le lecteur ne s'attend pas à trouver dans ce *Précis* un renvoi aux sources pour chaque fait énoncé; encore moins une bibliographie des ouvrages relatifs à l'ancien Limousin. Toutefois nous avons cru bon de citer en note les quinze ou vingt publications le plus dignes d'estime, de notre historiographie provinciale. Ces courtes indications seront sans doute bienvenues auprès des personnes étrangères à notre province.

A. L.

Limoges, octobre 1889.

PREMIÈRE PARTIE

GÉOGRAPHIE HISTORIQUE

I.

Forme, superficie et limites du Limousin primitif. — Composition du sous-sol. — Altitude et climat. — Centre géométrique et situation relative du Limousin.

Dans son plus ancien état historique, c'est-à-dire comme territoire habité par les Lémovices au moment de la conquête de César, le Limousin est un vaste polygone à quatre côtés inégaux, s'étendant sur le versant occidental du massif central qui fait bosse entre La Rochelle et Lyon.

De Lourdoueix-St-Pierre à Biars, il a une longueur de 166 kilomètres; de Bort à Fontanille une largeur de 157 kilomètres. Sa superficie est d'environ 19,000 kilomètres carrés.

Le plus grand côté de ce polygone (de Rouffiac à Bort et à St-Marien près Boussac) est adossé aux monts Dômes et aux monts d'Auvergne; il est relié à

1

cette longue chaîne par une sorte de bras qui s'étend directement du mont Dore au plateau de Millevaches.

Le côté nord (de St-Marien à Brigueil, par Lourdoueix-Saint-Pierre) est sans limite naturelle et laisse le Limousin en communication directe avec le Berry. Ni la Petite Creuse, ni la Benaize ne peuvent être considérées comme formant barrière.

Le côté ouest (de Brigueil à Availle et à Fontanille près Nontron) est le moins grand. Il se confond quelque temps avec le cours de la moyenne Vienne, mais s'en sépare brusquement aux environs d'Availle.

Quant au coté sud-ouest (de Fontanille à Rouffiac, par Turenne et Génis) oblique aux trois autres, il est de forme tourmentée et ne se confond, pour les yeux, avec aucune limite naturelle. Il n'y a point d'autre ligne de repère dans cette région que la Vézère, depuis son confluent avec la Dordogne jusqu'à Uzerche, à quelques lieues en arrière de la frontière historique.

Cette forme générale du Limousin primitif a une raison profonde qu'il faut expliquer. Arrivés de Germanie quinze ou vingt siècles avant l'ère chrétienne, les Lémovices, que l'on rattache aux Celtes proprement dits, marchèrent devant eux jusqu'au moment où la terre ferme leur manqua, c'est-à-dire jusqu'à l'endroit où commençaient les marécages de cette région d'alluvion que nous appelons aujourd'hui Périgord, Angoumois et Poitou. Ils s'établirent donc sur le sol granitique qui les portait, et voilà pourquoi les limites de leur territoire, d'Availle à Turenne, coïncidaient exactement encore au temps de César, avec celles que la géologie assigne, de ce côté, au Plateau central. Bien plus, les Lémovices se divisèrent en deux branches, dont l'autre, établie sur le granit de l'Armorique, était reliée à celle du Limousin par une série de stations, disséminées sur la ligne de faîte qui sépare le bassin de la Loire de celui de la Garonne.

Le Limousin repose donc presque tout entier sur un terrain azoïque dont les roches ignées constituent l'élément principal. On y trouve cependant aussi des filons d'étain, de plomb, de cuivre, de fer, d'antimoine, d'ardoise, de calcaire, de houille, de kaolin, de wolfram. Mais les sources thermales, si fréquentes en Auvergne, font à peu près complètement défaut en Limousin.

L'altitude moyenne du pays est de 512^m dans la région de la Creuse, d'environ 300^m dans celle de la Gartempe, de 565^m dans celle de la Vienne, de 700^m dans celle de la Corrèze. Cette altitude, comme aussi l'exposition des vallées presque toutes ouvertes à l'ouest, rendent les variations atmosphériques fréquentes et rapides, les pluies abondantes, les hivers longs et humides. Le climat du Plateau central a une température moyenne de 11°, comme celui de l'Armorique.

Mais, sur le limbe occidental, — dans la région des plateaux où l'altitude, de beaucoup inférieure à celle de la montagne, descend jusqu'à 80 mètres, — la température moyenne est de 12°, comme celle du climat girondin.

Le centre géométrique de ce territoire se détermine à 30 ou 40 kilomètres est de Limoges, du côté de Châteauneuf-la-Forêt, qui est à 45' ouest du méridien de Paris et à 45° 45' de l'équateur, à peu près sous la même latitude que Clermont, Lyon et le Mont-Blanc.

Mais ces déterminations, si utiles à l'esprit, sont sans grande application pratique.

Cependant, si nous plaçions la pointe d'un compas sur Châteauneuf, l'autre sur Marennes ou Le Brouage, et que nous décrivions une circonférence de pareil rayon, cette circonférence passerait, à peu de chose près, par Bressuire en Poitou, Tours et Sancerre sur la moyenne Loire, Roanne sur la haute Loire, Le Puy en Velay, Mende en Gévaudan, Albi dans le haut Languedoc, Agen et Bordeaux sur la Garonne. Le Limousin est donc à égale distance de l'Océan, de la Loire et de la moyenne Garonne ; assez éloigné du centre géométrique, de la France, qu'il faut chercher du côté de Nevers, mais presque confondu avec son centre géographique qui est le massif central. Nous verrons plus tard, que l'histoire du Limousin résulte en partie de cette situation.

En augmentant légèrement le rayon de notre circonférence, elle passerait par St-Nazaire, Bayonne, Cette et couperait le Rhône au-dessus de Lyon. Ne sommes nous point dès lors en droit de dire que Châteauneuf ou, si l'on veut, Limoges a entre Loire et Garonne une situation privilégiée ?

II

Orientation, axe et centre géographiques du Limousin. —
Orographie du sol : le plateau de Millevaches, ses principales ramifications et ses localités historiques. — Hydrographie du sol : les rivières du bassin de la Loire et
leurs localités historiques.

La configuration extérieure du Limousin parait
à première vue, embrouillée et confuse. Cependant, on remarque tout de suite que son orientation
générale est vers l'Océan. En y regardant de près, on
constate que la ligne de faîte des bassins de la Loire et
de la Garonne partage le Limousin en deux portions presque égales et forme comme l'axe géographique du pays.
En y regardant de plus près encore, sur une bonne
carte de l'Etat-major, on discerne d'autres particularités qui mettent de l'ordre dans le sujet et de la clarté
dans l'esprit. Ainsi, le Plateau de Millevaches est à la
fois le tronc principal des collines qui sillonnent le
Limousin, et le réservoir des eaux qui l'arrosent. Son
altitude moyenne est de 800 mètres; mais, au sud, le
mont Audouze s'élève à 954 mètres, et le mont Besson
à 984; au nord, le mont Gargan mesure 731 mètres, le
mont Feniers 920, le mont de Châteauvert 931. L'ensemble de ce plateau, de ses contreforts et de ses pre-

mières ramifications, constitue une véritable région montagneuse qui couvre bien un 25° du Limousin. Les sommets sont âpres et désolés, les arbres clairsemés ; la population y est rare et la stérilité grande, en sorte qu'on n'y rencontre d'autre lieu digne de mention que le prieuré de Millevaches, d'ailleurs sans histoire. Aussi, bien qu'elle se partageât entre trois châtellenies (Ahun, Aubusson, Felletin), les Etats provinciaux du XVᵉ siècle avaient-ils trouvé juste de taxer à part cette région sous le nom de pays de la Montagne.

Le Plateau de Millevaches projette vers l'ouest trois vigoureux rameaux qui déterminent les principaux reliefs du sol limousin :

1° Les **monts de la Marche** qui, décrivant une sorte de demi-cercle, rejettent d'abord la Creuse vers le Cher, règlent la direction du Taurion et viennent mourir entre Limoges et Bellac sous le nom de collines de Blond. Leurs plus hauts pics sont le mont de Peyrabout aux sources de la Gartempe (687ᵐ), le puy de Montjouer près Bénévent (697ᵐ), et le puy de Sauvagnac près La Jonchère (701ᵐ) ;

2° Les **monts du Limousin**, qui sont un anneau de la chaîne de partage et se continuent par les collines de l'Angoumois et du Poitou. Ils s'élèvent à 546 mètres aux environs de Châlus ;

3° Les **monts de la Vézère** qui naissent aux Monédières (920ᵐ), contournent Treignac et redescendent dans la direction du sud-ouest, entre la Vézère et l'Isle, jusqu'à l'endroit où ils rencontrent la vallée de la Dordogne. Ils ne mesurent plus guère alors que 300 mètres.

Un quatrième rameau du Plateau de Millevaches, qui court dans la direction du Cher, est pour nous sans intérêt.

Du réservoir de Millevaches s'échappent :

1° Trois grosses rivières : le Cher et la Dordogne qui, suivant des directions opposées, semblent vouloir encadrer le Limousin à l'est; — puis la Vienne qui coule d'abord dans la direction de l'Océan ;

2° Deux moindres rivières : la Creuse entre le Cher et la Vienne; — puis la Vézère entre la Dordogne et la Vienne. La première se grossit de la Petite Creuse, comme la seconde de la Corrèze.

Quant à la Gartempe grossie de la Brame, et à l'Isle grossie de l'Auvézère, elles naissent toutes deux à une assez grande distance du réservoir principal.

En somme, il y a, dans le système hydrographique du Limousin, une sorte de symétrie naturelle qui, une fois constatée, débrouille l'ensemble et rend plus sensible cette orientation vers l'Océan, dont nous avons parlé.

Les rivières que nous venons de nommer ne sont pas navigables dans leur partie limousine, si ce n'est la Dordogne pour la batellerie légère. Mais leurs nombreuses cascades créent des forces disponibles que l'industrie utilise en les transformant. De très vieille date la plupart des villes intéressantes du Limousin se sont élevées sur leurs bords. Nous allons le constater en parcourant une à une leurs vallées.

La **Vienne**, qui n'est pendant dix lieues qu'un ruisseau sans largeur, encombré de rochers et d'arbres, encaissé entre deux chaînes de collines souvent fort rapprochées, coule d'abord dans la direction du nord-ouest, en baignant Eymoutiers et St-Léonard, antiques villes de chanoines et possessions de l'évêque de Limoges depuis le XIe siècle. A partir d'Eymoutiers, le fil de l'eau est souvent rompu par des barrages artificiels, qui dirigent le courant sous les roues de moulins hydrauliques fort nombreux dans cette vallée, de temps immémorial.

Au delà de St-Léonard, la Vienne rencontre les monts de la Marche, tourne vers l'ouest, arrose Limoges (la seule ville importante qu'elle doive connaître jusqu'à la Loire) (1), puis, après un nouveau coude, Aixe, St-Junien et Chabanais. Comme siège de chapitre et chef-lieu d'un vaste archiprêtré, St-Junien l'a emporté de bonne heure sur Aixe et Chabanais, qui n'ont jamais eu qu'une importance féodale.

A la hauteur d'Aixe, la Vienne fort élargie (84m en moyenne), coule souvent entre deux rideaux d'arbres du plus riant effet, qui donnent à la perspective l'illusion de la profondeur. A quelques cents mètres en aval de Chabanais, elle rencontre les collines d'Angoumois et se voit contrainte de décrire un angle droit vers le nord. Si les collines d'Angoumois se fussent abaissées devant elle, si une rupture quelconque se fut produite sous l'effort des eaux accumulées, la Vienne continuait sa route vers l'ouest (comme la Dordogne),

_____

(1) Nous consacrons plus loin tout une section du chapitre VII à Limoges.

confondait ses eaux avec celles de la Charente et arrivait en ligne droite, sans nouvel obstacle, à l'Océan. Non seulement le Limousin, mais l'Angoumois et la Saintonge eussent gagné à posséder cette voie commune (1). Ce que la nature a refusé, l'homme a mis du temps à le vouloir. C'est seulement au XIXe siècle que les six principales villes de la haute Vienne ont été reliées les unes aux autres par une route continue et même, depuis quelques années, par le chemin de fer d'Angoulème à Clermont.

Au delà de Chabanais, la rivière n'a point attiré à elle d'autres villes que Confolens, autrefois chef-lieu de châtellenie, aujourd'hui chef-lieu d'arrondissement, et Availle-limousine qui n'est, à vrai dire, qu'un très gros bourg. Elle quitte alors le Limousin et continue paisiblement sa route à travers le Poitou et la Touraine pour se déverser finalement dans la Loire, après un parcours de 372 kilomètres.

Sur les très petits affluents de gauche de la **Vienne**, le second moyen àge a semé de nombreuses localités historiques. Il suffit de nommer Aureil et son prieuré de saint Gaucher, les Allois et leur monastère de femmes, St-Paul chef-lieu d'archiprêtré, Châteauneuf qui avait titre de marquisat au XVIe siècle, Pierrebuffière chef-lieu d'une baronnie fort importante sur la fin du moyen àge; St-Germain-les-Belles, où le cardinal Hugues Roger fonda en 1384 un chapitre de chanoines ; Château-Chervix et les Cars avec leurs redou-

_____

(1) Le projet de réunir la Vienne à la Charente par un canal a été conçu dès le XVIe siècle et repris au XVIIIe par Turgot. Mais les travaux n'ont jamais été commencés.

tables forteresses, Boubon et ses religieuses soumises à la règle de Fontevrault, Rochechouart et le château que ses vicomtes relevèrent au XVe siècle. Cette dernière localité l'emporte de beaucoup sur les autres par son passé féodal et son chiffre de population. La Révolution a respecté cet avant-droit, en attribuant à Rochechouart le tribunal civil du district de St-Junien. La constitution de l'an VIII lui donna par surcroît la sous-préfecture aux dépens de St-Junien.

Dans cette même région, aux environs de Pierrebuffière et de Glanges, il existe d'importantes mines de plomb argentifère que l'on a exploitées en partie seulement au cours du dernier siècle.

Presqu'aux sources de la Briance, se trouve La Porcherie, chef-lieu d'un archiprêtré fondé en 1106; un peu plus bas Chalucet et ses tours féodales (1), Solignac et son industrieuse abbaye, l'une des plus vieilles du Limousin (631).

Sur les affluents de droite de la **Vienne** sont disséminées d'autres petites villes qui se trouvent toutes plus ou moins dans la dépendance du cours d'eau principal. Peyrat-le-Château, non loin de la Maulde, est devenu, au déclin du moyen âge, l'un des gros fiefs de la contrée. Drouille, sur un affluent de droite du Taurion, a été le centre d'une importante châtellenie, tandis que le Dognon, sur la gauche du Taurion, commandait une autre châtellenie, de même importance.

Sur le Taurion même (96 kil.), Bourganeuf, bâti au XIIIe siècle, est devenu la première commanderie de l'ordre de Malte dans la langue d'Auvergne, et plus

---

(1) Voy. M. L Guibert, *Chalucet* (1887).

tard le chef-lieu d'une élection de finances. L'ombre
de Djem plane encore sur ses hautes tours. Par sa situation à mi-chemin de Guéret et de Limoges, Bourganeuf
a été le trait d'union commercial entre ces deux villes,
jusqu'au jour où, au mépris de ce passé, on a dévié par
St-Sulpice-Laurière la voie ferrée de Limoges à Guéret.
— Non loin du lieu où le Taurion rejoint la Vienne,
saint Etienne de Muret a fondé, vers 1125, un ordre
illustre qui transporta bientôt son centre d'action un
peu plus haut, à Grandmont. Au voisinage de cette
abbaye, celle d'Ambazac, qui avait été instituée au
VIᵉ siècle, disparut de bonne heure ; mais au XIIIᵉ siècle les grandmontaines de la Drouille-Blanche et les
bénédictines de la Drouille-Noire ressuscitèrent, quelques lieues plus bas, les pratiques de la vie cénobitique.

A l'extrémité d'un promontoire qui domine la Vienne
en amont de St-Léonard, le prieuré de l'Artige a duré près
de cinq siècles. Le Palais, près Limoges, a perpétué comme
commanderie de Malte, jusque vers le XIIIᵉ siècle, le renom historique de cette ancienne résidence des rois
carolingiens. L'abbaye cistercienne de Beuil, près
St-Junien, a une histoire très effacée ; mais l'abbaye
des augustins de Lesterps, près Confolens, nous a laissé
une église remarquable (XIIᵉ siècle), et Mortemart, aux
sources de l'Issoire, se présente à nous comme tête
d'une seigneurie où les œuvres d'instruction et de charité reçurent, aux derniers temps du moyen âge, le plus
large développement.

Si l'on tire une ligne droite de St-Junien à Confolens,
on détermine, avec le grand coude de la Vienne, un
triangle dans lequel il n'y a rien à inscrire que la celle

grandmontaine d'Etricor. Mais qui sait si, dans ce coin désert, l'homme du moyen âge n'a point trouvé un peu moins lourd qu'ailleurs le fardeau de sa destinée. Remarquons encore que le jour où la ligne ferrée de Bussière-Galand à Rochechouart, Chabanais et Confolens sera prolongée d'une part sur l'Isle-Jourdain, d'autre part sur St-Yrieix, toute cette frontière de l'ancien Limousin verra renaître la communauté d'intérêts économiques qui s'y constatait autrefois.

Pour rester dans le bassin de la Loire, nous passerons à l'inhospitalière **Gartempe** (170 kil.) qui sort des monts de la Marche près du Moutier-d'Ahun et court parallèlement à la Vienne dans ses deux directions principales. Mais la Gartempe n'a su amener à elle que la Chapelle-Taillefer, dont le chapitre, fondé en 1303, émigra en 1762 à Guéret ; puis Paulhac qui a possédé une commanderie de Malte ; le Grand-Bourg qui est sans histoire ; Châteauponsac qui a su construire l'une des plus jolies églises romanes du Limousin ; Rancon chef-lieu d'une petite peuplade celtique et plus tard chef-lieu d'archiprêtré. Les grosses localités se sont logées assez loin de la rivière : Bénévent-l'Abbaye au sud, ainsi que Bellac sur un promontoire qui domine le cours du Vincou ; — Magnac-Laval au nord, ainsi que le Dorat dans la vallée de la Brame. Ces quatre petites villes ont d'ailleurs un passé fort différent. Bellac a, dans les annales du moyen âge, un renom purement féodal ; comme Magnac-Laval, mais avec plus de relief, car Bellac a été à l'origine la vraie capitale du comté de Marche et a possédé, sous l'ancien régime, une sénéchaussée et une élection. Au contraire, Bénévent avec ses moines, Le Dorat avec ses chanoines, ont un caractère ecclésiastique des plus tranchés, bien que Le Dorat ait possédé un château comtal et une sénéchaussée royale. Nous pourrons leur opposer tout à l'heure, dans la vallée de la Creuse, Felletin et Guéret, Aubusson et Ahun.

Au sud de Bellac, à Vaulry, on a découvert en 1813 une très ancienne exploitation de mines d'étain, comme il y en a peu en France.

Au nord de la Brame, affluent de la Gartempe, il reste une lisière assez large bordant le Berry, et appartenant presque toute entière aux affluents de la Gartempe. Ce territoire plat, humide et mal peuplé, a été conquis dès le XI° siècle par deux grandes puissances féodales qui nous occuperont plus tard : les seigneurs de Bridiers et ceux de Charroux. Deux abbayes cisterciennes, Aubignac et La Colombe gîtaient aussi dans cette contrée, au plus loin du centre. C'étaient les plus septentrionales, mais les moins influentes du diocèse.

La **Creuse** (235 kil.), qui semble vouloir gagner la Vienne en ligne droite, partage en deux parties à peu près égales le département auquel elle a donné son nom. La voie ferrée de St-Sébastien à Guéret et Felletin (avec prolongement futur sur Eygurande) est parallèle à la rivière, en sorte que toute cette vallée apparaît au premier coup d'œil comme l'artère principale du département. Il n'en est rien toutefois : c'est dans le sens contraire, par la ligne de St-Sulpice-Laurière à Montluçon, qu'a lieu le plus grand transit de voyageurs et de marchandises, et que passe encore le train-poste de Bordeaux à Lyon.

Non loin de sa source, la Creuse a vu venir à elle Felletin et Aubusson. Le moutier de Felletin (XV° siècle) a quelque réputation dans nos annales locales, plus encore ses fabriques de tapisseries. Cette petite ville, si joliment assise sur un mamelon, a joui au XVIe siècle, pendant quelques années, d'une prospérité industrielle qui surprend tout d'abord, mais qui semble bien résulter uniquement de ce fait, que Felletin se trouvait sur la route de Bordeaux-Limoges à Clermont-Lyon, au voisinage de cette trouée de Crocq dont nous parlerons tout à l'heure. Quant à Aubusson, il a joui, par mêmes raisons, des mêmes avantages. Au confluent de deux rivières, au point de jonction de quatre vallées, il a été longtemps la plus forte, la plus peuplée, la plus industrieuse des villes de la région, à tel point qu'on peut s'étonner qu'il n'en soit pas resté la capitale, comme il l'était déjà pour la vicomté et l'archiprêtré.

Mais Guéret, qui est situé un peu plus au nord, à cinq kilomètres de la Creuse, sur le versant de hautes terrasses, a fini par l'emporter. Bâti autour d'un monastère du VIIIe siècle, il était devenu dès la fin du XIVe la résidence du chancelier des comtes de la Marche et le siège d'une officialité ; plus tard, on y mit une élection de finances et une maîtrise des eaux et forêts, puis, au XVIIe siècle, le siège d'un présidial et d'un gouvernement militaire. Néanmoins, jusqu'au milieu du XVIe siècle, Guéret avait conservé l'aspect d'un grand bourg, rien de plus. Quelques riches maisons s'y construisirent alors dans le goût de la Renaissance et commencèrent la transformation de la ville. Cependant, aujourd'hui encore, Guéret est un chef-lieu modeste entre les plus modestes chefs-lieux de département.

Entre Aubusson et Guéret il faut nous arrêter

longuement à la petite ville d'Ahun. Ses origines sont peut-être celtiques, mais son histoire ne commence réellement qu'avec la fondation de l'abbaye (X° siècle) et la construction du château féodal (XI° siècle). C'est l'une des localités les moins concentrées qu'on connaisse dans notre province : le premier bourg se développa au bord de la Creuse autour de l'abbaye; un autre se groupa, plus tard, autour du donjon, à 2 ou 3 kilomètres plus loin, sur une colline qui domine la rivière. Aussi Ahun et le Moutier-d'Ahun forment-ils, aujourd'hui, deux communes distinctes. Leur territoire a été plus profondément labouré par la civilisation qu'aucun autre de la région. Les inscriptions et les sépultures romaines qu'on y a retrouvées conservent la trace du peuple-roi. Deux églises romanes des XI° et XII° siècles, un hôpital fondé au XII° siècle, un consulat obtenu au XIII°, décèlent, autant que le monastère et la châtellenie, l'activité de la vie publique au moyen âge. Aujourd'hui encore, ce coin de terre a une importance relative, grâce aux houillères qu'on y exploite, grâce à la ligne ferrée qui se détache de celle de Guéret-Montluçon pour desservir la vallée de la haute Creuse par Aubusson et Felletin.

Dans la partie médiane de cette vallée de la Creuse (1), si souvent étroite et rocailleuse, se sont encore élevés trois prieurés bien connus de l'histoire : Blessac, de lamentable mémoire; Moutier-Rauzeille, d'antique fondation puisqu'il est connu dès 751; les Ternes, de date plus moderne puisqu'il ne remonte qu'au XIV°

___

(1) Médiane à ne considérer que la portion qui appartient au Limousin.

siècle. Un peu plus au nord, Anzème, comme chef-lieu d'archiprêtré, mérite d'être nommé.

Au moment de quitter le Limousin, la Creuse reçoit, à gauche, les eaux de la Sedelle et de la Brezentine, minces ruisselets qui nous obligent cependant de rattacher à la principale vallée de la Marche Dun et sa seigneurie, la Souterraine et sa prévôté, Bridiers et son château, ceux-ci voisins l'un de l'autre à tel point que, du haut de son donjon, le vicomte de Bridiers pouvait voir le clocher de la curieuse église que les moines de St-Martial avaient fait construire dans leur prévôté. C'est par La Souterraine, Magnac-Laval et Montmorillon que Guéret a été de tout temps en communication avec Poitiers. La voie ferrée a détourné récemment les transactions par St-Sulpice-Laurière.

Un autre affluent de la Creuse, la **Petite Creuse** (65 kil.), coule tout entier en Limousin, de l'est à l'ouest. Il serait pour nous sans intérêt s'il ne longeait, presque à sa naissance, un remarquable château-fort du XVe siècle, celui de Boussac qui, déjà baronnie au XVIe siècle, est aujourd'hui chef-lieu d'arrondissement.

C'est pourtant dans cette lointaine vallée que s'élevèrent les deux seigneuries de Châtelus-Malvaleix et Malval; que quelques moines fondèrent au XIe siècle le prieuré de Chambon-Ste-Croix, et que des cisterciens établirent, au milieu du XIIe siècle, leurs abbayes de Prébenoit et d'Aubepierre.

Plus tard, en 1310, des religieuses bénédictines s'y bâtirent le monastère de Lourdoueix-St-Pierre et des cordeliers édifièrent, en 1396, leurs celles de Boisféru. A cela près, toute cette vallée est encore plus vide de localités importantes que celle des affluents de la

Gartempe. Elle a d'ailleurs été ravie à notre Limousin par le Berry au XI° ou au XII° siècle.

Le **Cher,** qui appartient au Limousin pendant les 40 premiers kilomètres de son parcours, a pour principal affluent de gauche la Tarde grossie de la Voueize. Nous sommes en Combraille et si les villes comme Crocq, Bellegarde, Auzances, ont une individualité très nette, elles n'ont cependant qu'une importance très relative. Cependant, au confluent de la Tarde et du Cher, Evaux assis sur une colline exploite, depuis le temps des Romains, les seules sources thermales du Limousin.

La Combraille est une région aux vastes landes, qui se prolonge au nord jusqu'aux pierres Jaumathes, jusqu'aux ruines celtiques et romaines de Toull-Ste-Croix. Les moines ont toujours fui cette Thébaïde limousine. Sauf les cisterciens de Bonlieu fixés à la limite du pays, sauf les religieux de Chambon-Ste-Valérie au confluent de la Tarde et de la Voueize, et ceux de Combraille, centre d'archiprêtré et de châtellenie, il n'y a jamais eu de grand monastère dans ces parages. A la veille de la Révolution, cette région de 14 lieues de long sur 6 de large, n'avait pas une seule châtellenie royale, pas un seul collège, pas un seul hôpital. Egalement éloignée de Limoges, de Clermont, de Moulins et de Bourges, elle était sans ressources. Aujourd'hui elle est traversée par la voie ferrée de Montluçon à Largnac[-Aurillac].

Chambon-Ste-Valérie (ou sur Voueize) a été la première capitale de la Combraille. Mais, à partir du XVI° siècle, la suprématie passa à Evaux qui avait déjà un prieuré et qui reçut successivement un bailliage, une élection, une maîtrise des eaux et forêts. Au XIX siècle Chambon a repris l'avantage en devenant (par une exception dont il y a peu d'exemples en France) le siège du tribunal civil de l'arrondissement de Boussac. C'est le dernier reste de son antique prééminence féodale.

Quant à la petite ville de Chénerailles, bien qu'elle appartienne géographiquement à la Combraille, elle est tournée historiquement du côté de la Marche. Elle est devenue, au XIVᵉ ou au XVᵉ siècle, le siège d'une officialité diocésaine.

Entre les sources du Cher et celles de la Dordogne, à la hauteur de Crocq et d'Eygurande, il y a comme une brèche dans la frontière naturelle de notre province. Le Limousin et l'Auvergne ont là un point de contact qui s'est quelquefois déplacé. Le Limousin eût pu empiéter du côté de Pontaumur. Mais, c'est le contraire qui est arrivé : l'Auvergne s'est avancée du côté de Crocq et d'Ussel, comme nous le montrerons en parlant des territoires féodaux. C'est par cette brèche commode que, dès le XVᵉ siècle, les marchands d'Aubusson portaient leurs tapisseries à Genève, et qu'ils en rapportèrent au XVIᵉ siècle les idées de la Réforme; c'est par là aussi que passa, à la fin du XVIIᵉ siècle, la grande route de Bordeaux à Lyon.

Nous n'aurons garde, quant à nous, de conduire par là notre lecteur. Sœur aînée du Limousin, l'Auvergne a trop de supériorités. Avec ses noirs cratères, ses hauts sommets et sa fertile Limagne, la terre de Pascal, de Gerbert et de Michel de l'Hospital nous induirait à jalousie. Restons en Limousin.

III.

Hydrographie du sol *(suite)* : les rivières du bassin de la
Garonne et leurs localités historiques. — Aspect général
du Limousin.

Aussi bien, du bassin de la Loire il n'y a aucune diffi-
culté pour nous, en contournant le Plateau de Millevaches, à gagner le bassin de la Garonne et à suivre la
Dordogne, le plus profond, le plus abondant, le
plus résolu de nos cours d'eau, mais trop tôt perdu
pour le Limousin. Sur ses bords longtemps resserrés
entre deux hautes chaînes de collines, le voyageur qui
vient de Clermont rencontre d'abord le prieuré de Port-
Dieu, bénéfice considérable qui relevait de la Chaise-
Dieu d'Auvergne, mais qui n'a jamais fait grand bruit
dans l'histoire; la petite ville de Bort, où Marmontel
vécut ses premières idylles, où le touriste moderne
vient contempler l'une des plus curieuses cascades du
Limousin; plus loin, l'abbaye de la Vallette dont les
abbés oublièrent souventes fois le service de Dieu pour
celui des dames; puis Servières (à 1,500ᵐ de la rivière),
où les vicomtes de Turenne élevèrent un château;
Argentat, une des rares villes bâties en plaine que l'on
puisse voir en Limousin; enfin Beaulieu dont la puis-
sante abbaye (IXᵉ siècle) a exercé en ces quartiers une
influence prolongée.

Dans cette partie de la vallée, l'écho n'est point encore troublé par le sifflet à vapeur des compagnies financières. L'âme humaine se dilate dans la paix d'une nature sereine et se berce aux souvenirs d'un passé qui ne fut point sans grandeur.

En quittant Beaulieu, la Dordogne entre en Quercy, puis en Périgord, et rejoint la Garonne après un parcours de 490 kilomètres, dont un tiers au moins en Limousin. Sur son cours supérieur elle reçoit une foule de petits ruisseaux qui descendent, presque en ligne droite, du Plateau de Millevaches. Dans les replis de leurs vallons solitaires se cachent nombre de localités intéressantes : Chirouze et St-Exupéry, chefs-lieux d'archiprêtrés qui couvraient les deux versants du Plateau de Millevaches ; la châtellenie de Ventadour, où chantèrent nos premiers troubadours ; le château de Maumont, qui fut le berceau des papes Clément VI et Grégoire XI ; Eygurande où se croisent deux lignes ferrées qui mettent en communication la basse Auvergne et le haut Limousin, d'une part, le Bourbonnais, la Marche, le bas Limousin et la haute Auvergne, d'autre part ; enfin, Ussel dont l'importance ne date que de la fin du XVI° siècle, mais qui est devenu depuis lors, comme chef-lieu de la sénéchaussée du duché de Ventadour, puis comme siège d'un petit collège, plus tard comme chef-lieu d'un arrondissement de la Corrèze, le centre de population le plus influent au sud du grand Plateau. — Un peu à l'écart de leurs sœurs limousines, la commanderie de Bellechassagne, les celles franciscaines de St-Projet et de la Cellette, les abbayes bénédictines de St-Angel (VIII° siècle), Meymac et Bonnesaigne, l'abbaye cistercienne de Bonaigue prospérèrent durant plusieurs siècles dans cette région souvent sévère et pauvre, battue des vents et des orages, volontiers tournée vers l'Auvergne, comme la Combraille, mais sans jamais, comme elle, choir de ce côté.

On remarquera que nos constatations laissent encore inoccupées plusieurs parties de la contrée. Ainsi, le pourtour des hautes terrasses qui s'élèvent en séries concentriques jusqu'au Plateau de Millevaches, est vide de châteaux et de monastères, sauf Rochefort, dont les châtelains n'ont jamais tenu grande place dans le monde. Ils portaient l'hommage de leur misère féodale au comte de la Marche.

Au sud de la Dordogne se trouvait un territoire assez vaste, la Xaintrie, qui se partageait en Xaintrie noire (chef-lieu Servières), et Xaintrie blanche (chef-lieu Mercœur). Il est si peu peuplé, qu'aujourd'hui encore il se répartit tout entier entre deux cantons. Le prieuré de Montcalm était dans la Xaintrie blanche. Parmi les cours d'eau, il n'y a que la Maronne qui mérite considération (88 kil.).

La **Corrèze** n'a que 85 kilomètres de longueur. Avec la Petite Creuse et le Taurion, c'est la seule rivière de quelque importance qui appartienne toute entière au Limousin. Fort pittoresque, fort séduisante dans ses multiples replis, elle a cependant laissé à l'un de ses affluents, un court ruisseau qui a nom la Montane, l'avantage de montrer au touriste, non loin de Gimel, la plus belle chute d'eau que l'on puisse voir en Limousin. La Montane se précipite en effet d'une hauteur de 125 mètres par une suite de cascades assez rapprochées les unes des autres pour former un ensemble. La Corrèze, elle, ne fait jamais de pareils sauts :

elle est néanmoins incapable de desservir utilement les deux seules villes qu'elle traverse, Tulle et Brive, car le flottage à bûches perdues est la seule navigation qui s'y puisse pratiquer.

Comme Aubusson et Guéret, Brive et Tulle ont été longtemps rivales ; mais, à l'inverse de ce qui s'est produit dans la vallée de la Creuse, ici c'est la ville la plus rapprochée du Plateau de Millevaches qui a fini par l'emporter. A l'époque celtique, le pont de Brive était le seul qui existât sur la Corrèze. La ville était donc déjà un lieu de passage très fréquenté. Au moyen âge elle possédait un chapitre, un archiprêtré, une officialité, une élection, au XVIe siècle un présidial et un collège, et acquit ainsi une réelle prépondérance dans tout le bas Limousin. Tulle ne reçut quelques-unes de ces institutions que plus tard et eût été finalement distancé par sa rivale, si son monastère, fondé au VIIe siècle, n'avait été transformé en évêché par un pape d'Avignon. Ce fut le commencement de la suprématie pour cette laide et noire petite ville, fermée de murailles et de hautes tours, construite dans le boyau que forme à cet endroit la vallée de la Corrèze et dominée de toutes parts par des collines qui bornent l'horizon. Le XVIe siècle lui apporta comme une nouvelle compensation par le renom qui s'attacha quelque temps à son collège, sous la direction de Philippe Hervé. Tulle avait déjà un chapitre cathédral, une officialité, une élection. Quand, au XVIIe siècle, sa sénéchaussée fut transformée en présidial et que la ville devint le chef-lieu d'un gouvernement militaire, on peut dire qu'elle a gagné son procès. La Révolution l'a confirmée dans son droit.

Par sa position médiane, la vallée de la Corrèze, si

courte qu'elle soit, a pris depuis le XII° siècle une avance historique sur celles de la Dordogne et de la Vézère. Elle commandait autrefois les archiprêtrés de Gimel et de Brive ainsi que le diocèse de Tulle, tournés vers le sud. Aujourd'hui encore, elle possède le chef-lieu du département et, l'on peut même dire, les chefs-lieux des deux arrondissements voisins (Brive et Ussel), depuis que l'une des deux lignes de Bordeaux à Lyon s'y faufile. A quelques kilomètres au nord de Tulle, à Tintignac, s'étalent les ruines d'un théâtre romain. Les monastères ne manquent pas non plus : à preuve, St-Martin de Tulle; Aubazine, de poétique mémoire; Coyroux et ses nonnains, Noailles et ses chanoines (1559). Certaines églises de XII° siècle, comme la cathédrale de Tulle, St-Martin de Brive, St-Etienne d'Aubazine, ont mérité d'être classées au nombre des monuments historiques. Les vieux châteaux ne sont ni moins nombreux, ni moins célèbres : Gimel et Malemort, Noailles et Turenne ont vu de tragiques histoires, de sanglants combats, d'héroïques faits d'armes. Les deux derniers, au sud de la Corrèze, sont adossés à l'un de ses affluents, la Tourmente, dont le nom ne dit rien de bon. Ils font face aux ennemis de la plaine comme pour leur barrer la route du Limousin.

Turenne et Noailles doivent être considérés en effet, comme la tête d'une ligne de forteresses qui flanque le Limousin au sud-ouest, pour remédier à l'absence d'une frontière naturelle contre les Sarrasins, les Normands, les Anglais. Cette ligne se continue par les châteaux d'Ayen, Comborn, Pompadour, Ségur, Bret, Masseret, Courbefy, Montbrun, Châlus, au sud de la grande ligne de faîte du Limousin. De Châlus à Rochechouart la dis-

tance est courte; de Rochechouart à Chabanais, plus
courte encore. Depuis le grand coude de la Vienne
jusqu'à l'endroit où la Vézère confond ses eaux avec
celles de la Dordogne, chacune des petites vallées qui
s'ouvrent vers Bordeaux était défendue par une forte-
resse (1).

Ayen et Comborn sont en avant de la **Vézère** sur
une ligne parallèle à la rivière. Non ·loin de là se
trouvent les jolies églises romanes de Saint-Robert
et Saint-Cyr, ainsi que les mines de plomb
argentifère de Juillac. Derrière ces localités, c'est-à-
dire sur la Vézère même, ou à peu de distance, on
rencontrait les cordeliers de Donzenac, les chartreux
de Glandiers, les bénédictins de Vigeois (VIᵉ siècle) et
d'Uzerche (Xᵉ siècle); enfin, au plus haut de la vallée, la
belle cascade connue sous le nom de Saut de la Virolle, et la
châtellenie de Treignac, dans un entonnoir qui s'ouvre
seulement au nord-ouest. De ces cinq localités, Vigeois
était, en tant que chef-lieu d'archiprêtré, la plus visitée.

Avec Pompadour, Ségur, Masseret, Bret, Courbefy,
Montbrun, nous sommes en plein dans la vallée supérieure
de l'**Isle** (235 kil.), qui prend sa source tout près de Nexon.
C'est au voisinage de Nexon, à la Roche-l'Abeille, qu'eut
lieu le 24 juin 1569, entre protestants et catholiques,
l'une des plus grosses batailles dont le Limousin ait été
témoin. Sur l'Auvézère, un des affluents de l'Isle, Ségur a été par sa cour d'appeaux le chef-lieu judiciaire
de la vicomté de Limoges pendant près de trois siècles.
Coussac-Bonneval, réputé l'une des quatre grosses châ-

_____

(1) C'est M. J.-B. Champval, si versé dans la géographie historique
de la Corrèze, qui nous a mis sur le chemin de ces remarques.

lellenies du Limousin (avec Pompadour, Châteauneuf et Ventadour), s'enorgueillit de posséder l'un des plus remarquables manoirs de la province (XVe siècle).

Saint-Yrieix, la plus grosse ville de la contrée, s'étend tout en longueur sur les deux versants de la Loue, et montre encore aujourd'hui l'une des plus curieuses églises du Limousin (1181-1183). C'était, à la fin du VIe siècle, une abbaye de moines qui furent sécularisés au XIe et devinrent chanoines. La ville ne s'est guère développée à l'ombre de cette collégiale, et n'a pris rang parmi les grosses localités du Limousin que depuis le milieu du XVIIIe siècle, grâce au siège sénéchal qui lui fut alors donné (1750), grâce aussi aux deux manufactures de porcelaine, que la découverte de gisements de kaolin dans le voisinage permirent d'établir (1771).

Sur l'Isle même, le Chalard-Peyroulier, qui n'est aujourd'hui qu'une modeste commune de 570 âmes, mérite considération. Roger, comte de Limoges, y fonda en 801, une abbaye qui descendit plus tard (XIVe siècle) au rang de prieuré. Les bâtiments en subsistent encore dans leur dernier état. Quant à l'église de style roman, c'est l'une des plus anciennes que possède le Limousin, puisqu'elle remonte à la fin du XIe siècle. C'est du Chalard que partirent, à la même époque, les chevaliers limousins qui prirent part à la première croisade, et c'est là que repose Gouffier de Lastours, le héros du siége de Maarah.

Cette portion du Limousin avait pour chefs-lieux ecclésiastiques La Meyze et Lubersac. Le second de ces deux archiprêtrés étendait son ressort au sud, jusque sur l'Yssandonois, et embrassait l'abbaye de Dalon, le plus méridional des bénéfices du diocèse de Limoges,

mais qui appartenait féodalement au Périgord. Quant à
Jumilhac-le-Grand qui est plus au nord, sur l'Isle
même, nous lui devons aussi un souvenir non point à
cause de son magnifique château du XVᵉ siècle, qui
intéresse avant tout l'histoire monumentale du Périgord, mais parce que Jumilhac-le-Grand et toute la contrée environnante ont appartenu au diocèse de Limoges, avant de lui être ravi, au VIIᵉ siècle, par les évêques de Périgueux.

Les minerais de fer qui existent dans cette région y
firent établir, dès le XVᵉ siècle, de nombreuses forges,
particulièrement aux environs de Dournazac et de Ta-
vaux. Ces forges encore prospères au XVIIᵉ siècle, entre
les mains des PP. Jésuites du collège de Limoges, ont
décliné au siècle suivant et sont aujourd'hui abandonnées.

Le donjon de Châlus nous transporte sur la Tardoire,
et la ville de Nontron sur le Bandiat, c'est-à-dire
au plus haut du bassin de cette **Charente** (355 kil.)
qui se jette directement dans l'Océan atlantique. Les
influences extérieures, venues de l'Angoumois et du
Périgord, se sont profondément exercées sur cette frontière et ont peu à peu effacé la physionomie limousine
des mœurs et des coutumes. Au nom de Châlus est
indissolublement lié celui de Richard Cœur-de-Lion;
au nom de Nontron le souvenir d'un archiprêtré important et d'une châtellenie qui, des abbés de Charroux
revint aux vicomtes de Limoges, et resta le plus beau
fleuron de leur couronne féodale, jusqu'au moment où
il passa au Périgord (XIVᵉ siècle). C'est, depuis la Révolution, le chef-lieu d'un arrondissement de la Dordogne.

Si nous rassemblons maintenant les principaux traits physiques du Limousin, nous remarquons en premier lieu que tout y est à l'état naissant : monts, rivières, vallées et forêts, en sorte que l'ensemble du territoire est dans une étroite dépendance du Plateau de Millevaches. En ceci consiste extérieurement l'unité physique de notre province.

Ce Plateau de Millevaches et ses entours immédiats sont d'aspect roussâtre et désolé ; la nature y est en souffrance, mais les grands panoramas ne se trouvent que là, encadrés dans la majestueuse silhouette des monts d'Auvergne. Peu à peu, cependant, les landes disparaissent. A partir d'Ussel, d'Eymoutiers et de Felletin, le pays devient moins sévère. Une région intermédiaire commence, celle des terrasses, que l'on a pu comparer (non sans quelque exagération) à la Suisse. Mais à la limite du Limousin, quand on approche du Poitou, de l'Angoumois ou du Périgord, l'horizon est ordinairement plus borné : les collines s'abaissent, les vallées s'élargissent, les rivières aussi. La verdure prend partout le dessus et tapisse les moindres recoins. C'est le principal charme de cette frontière.

La rapide succession des vallons et des collines fait que les plaines sont courtes en Limousin. Les forêts y sont rares, mais les prairies abondent. Les étangs se rencontrent un peu partout, au nord comme au sud, mais sans offrir jamais la superficie du moindre des lacs alpestres.

Le sous-sol est peu profond. D'ailleurs le déboisement progressif des plateaux et des crêtes de collines a amené leur stérilité. La culture intensive s'arrête d'ordinaire à mi-côte des grands monts. Le reste est aux landes ou aux châtaigneraies. Mais les vallées, bien arrosées, sont partout fécondes. C'est là seulement que le travail de l'homme, dans les limites de la « petite culture », a donné toute sa valeur (1).

_____

(1) Voy. l'*Enquête agricole* faite par les soins du Ministère de l'Agriculture (1872), — et *L'Agriculture, les prairies et les irrigations de la Haute-Vienne* (1884) par M. J.-A. Barral.

IV.

Circonscriptions régionales, politiques et féodales du Limousin. — Domaines ecclésiastiques. — Modifications dans la composition territoriale des principaux fiefs après le Xᵉ siècle. — Considérations générales sur les territoires féodaux. — Haute et basse Marche, haut et bas Limousin.

Nous connaissons maintenant les reliefs et les creux du sol, la direction des rivières et des montagnes. Sur cette géométrie de la nature, l'homme a tracé la sienne, en corrélation mais non en concordance avec la première : les Romains ont tracé leurs pagi ; les Mérovingiens leurs comtés, leurs vicairies, leurs centènes ; la Féodalité ses fiefs de tout nom ; l'Eglise ses diocèses, ses archidiaconés, ses archiprêtrés ; la Royauté ses sénéchaussées, ses bailliages, ses élections, ses généralités ; la Révolution ses départements, ses districts (ou arrondissements), ses cantons. Il nous faut maintenant passer toutes ces circonscriptions en revue.

Aussi haut que nous puissions remonter dans l'histoire des Lémovices, au moins vers le premier siècle avant l'ère chrétienne, le pays est parsemé d'un grand nombre de petites localités, dont plusieurs se révèlent encore dans les premières substructions de Breth, Toull-Ste-Croix, le Puy-de-Gaudy et Châteauvieux au nord de la Vienne, Courbefy et le Mont-Ceix au sud. Cependant, rien ne prouve que les localités fussent alors réparties entre un certain nombre de circonscriptions fixes. Seulement, de ci de là, mais sans continuité, quelques régions avaient reçu des dénominations populaires que l'administration romaine, savante et méthodique, multiplia plus tard, pour en faire autant de divisions territoriales. Le Limousin (*pagus Lemovicinus major* ou encore *civitas Lemovicina*) fut donc subdivisé en **pagi minores** : il y en avait 18, peut-être dès le temps de l'empire romain (1). Limoges (*Augustoritum*), Evaux, Ahun, Toull-Ste-Croix, Breth, Rancon, Châteauponsac, au nord de la Vienne, — Chassenon, Courbefy, Brive, Tintignac, Ussel au sud de la même rivière, montrent aujourd'hui encore des ruines romaines, se superposant souvent aux ruines celtiques.

.

A partir du VIe siècle apparaissent les circonscriptions des Mérovingiens. Le Limousin est devenu **comté** et se subdivise au moins en 45 **vicairies** dont les noms se retrouvent aujourd'hui, pour la plupart, dans les noms de nos chefs-lieux de canton (2).

---

(1) M. M. Deloche les a énumérés dans sa *Géographie historique de la Gaule* (1861, p. 127 et 182) : Rancon, Jocondiac ou le Palais, Solignac, Châlus-Ligoure, Uzerche, Yssandou, Brive, Turenne, Puy-d'Arnac, la Xaintrie, Rouffiac, Beynat, Chamboulive, le Nigremont, Vallières, la Montagne, Chambon, Bort. — Le Dunois, le Guérétois, le Magnazeix et le Nontronnais n'apparaissent qu'au XIe siècle.

(2) M. Deloche en a énuméré 43, dans sa *Géographie historique de la Gaule*. Mais il n'a connu ni la vicairie de Nantiat, ni celle de Sornac, ni celle de Monéys, près Hautefort. Par contre, celle de Salagnac près Bénévent, n'a jamais existé. — Quant à la vicairie de Dun-le-Palleteau que M. de Lasteyrie a cru reconnaître, elle est erronée : il s'agit de Dun-le-Roi en Berry.

Les vicairies administratives disparaissent sur la fin du XI° siècle. La plupart étaient subdivisées en centènes (1), mais cette dénomination prend fin elle-même dans le cours du X° siècle.

Au déclin du XI° siècle on rencontre la *bailia* ou *bailivia*. C'est une circonscription de même étendue que la vicairie mérovingienne, mais qui n'a ni les mêmes limites ni les mêmes chefs-lieux. Il n'en est plus que rarement question au XV° siècle.

. .

Ces diverses circonscriptions, assez stables en raison de leur fonction administrative, s'enchevêtrent dans les circonscriptions féodales, dont l'étendue et la composition sont parfois malaisées à déterminer. Incohérentes et arbitraires, souvent modifiées par conquêtes, mariages ou acquisitions, les limites des fiefs réfléchissent l'état social du moyen-âge. C'est la féodalité qui, au X° siècle, a brisé l'unité territoriale du Limousin primitif en neuf grands morceaux que nous allons étudier brièvement tour à tour.

A la fin du X° siècle le duc d'Aquitaine, comte de Poitou et de Limousin, était à ce dernier titre suzerain des **fiefs** suivants :

1° La vicomté de Limoges, instituée par le comte de Toulouse Eudes, vers 876 (2). Elle embrassait à l'ori-

---

(1) Cependant on ne retrouve que quatre de ces subdivisions militaires : Nontron, Tarnac, Le Vert et Vignols.

(2) Voy. M. Robert de Lasteyrie, *Etudes sur les comtes et vicomtes de Limoges antérieurs à l'an mil* (1874).

gine la totalité du Limousin, mais se restreignit au fur et à mesure que furent instituées les autres vicomtés de la province. Elle ne s'étendit plus guère finalement qu'au sud de la Vienne, et comprit Limoges (moins la cité qui relevait de l'évêque et le quartier des Combes qui dépendait de l'abbé de St-Martial), Aixe, Chalus, Jumilhac (?), Ayen, Ségur, Masseret, Pierrebuffière, Châteauneuf et toutes les localités assises dans l'intérieur de ce territoire, nommément Châlucet, Château-Chervix, Courbefy, St-Yrieix. C'était environ un sixième du Limousin primitif.

Cinq dynasties se sont succédé dans cette vicomté : celle de Ségur (887-1130), celle de Comborn (1130-1263), celle de Bretagne (1263-1311), celle de Blois (1341-1470), et celle d'Albret qui prend fin avec Henri de Bourbon, roi de France et de Navarre (1470-1589).

2° La vicomté de Turenne, constituée au commencement du X° siècle. Ses possesseurs ne détenaient qu'un fort petit coin du Limousin (Turenne, Beaulieu, Argentat) et firent d'abord brèche vers le sud, aux dépens du Périgord et principalement du Quercy, auquel ils prirent Martel et St-Céré.

La branche aînée de la maison de Turenne, dite de la Tour, a pris fin au XVIII° siècle (1).

3° Le marquisat (plus tard comté) de Marche limousine. Il semble dater de la première moitié du X° siècle et eut pour premier chef-lieu Charroux en Poitou, au delà de la Vienne. Il comprenait, au commencement du XII° siècle, Confolens, Bellac, Mortemart, Le Dorat,

---

(1) Voy. Christophe Justel. *Histoire généalogique de la maison de Turenne* (1645).

Rancon, Dun, Guéret, Ahun, Bourganeuf, Peyrat et Le Dognon, c'est-à-dire environ un cinquième du Limousin (1).

Plusieurs maisons ont régné sur le comté de Marche, toutes étrangères à notre province : celle de Charroux qui finit en quenouille (av. 944 jusque vers 1091) ; celle de Montgommery, par le mariage d'Adalmodis de Charroux avec Roger de Montgommery (de 1091 environ à 1177) ; celle des rois d'Angleterre, comtes de Poitou, par suite de la vente que leur fit Aldebert de Montgommery (1177-1199) ; celle de Lusignan en Poitou (1199-1308) (2). — A la mort du dernier des Lusignan, la Marche, déjà augmentée de la vicomté d'Aubusson, passa à Philippe le Bel qui ne crut pas devoir la réunir au domaine de la couronne (1308-1314). En 1314, elle fut donnée en apanage à Charles de France, qui devint roi en 1322 sous le nom de Charles IV le Bel. Celui-ci céda la Marche, en 1327, à la maison de Bourbon, qui la conserva jusqu'en 1435. La Marche passa ensuite à la maison d'Armagnac (1435-1477), à celle de Bourbon-Beaujeu (1477-1522), et à celle de Bourbon-Montpensier (1522-1527). Confisquée par François 1er sur le connétable de Bourbon, elle fut donnée en engagère, jusqu'à la fin de l'ancien régime, à divers seigneurs peu connus dans l'histoire.

----

(1) Nous ne pouvons suivre les historiens qui font entrer la Souterraine, St-Junien et Rochechouart dans la Marche primitive. Les limites que nous traçons nous ont été indiquées par M. Ant. Thomas, le seul érudit qui ait sérieusement étudié cette question depuis M. Deloche.

(2) Voy. M. L. Delisle, *Chronologie historique des comtes de la Marche issus de la maison de Lusignan* (1856).

4o La vicomté d'Aubusson qui s'était formée sur la fin du Xe siècle au sud-est du comté de Marche, dans les arides quartiers qui confinent à la Combraille. Ses limites primitives sont mal connues, mais elles englobaient sûrement le cours supérieur de la Creuse, bien au-dessous de Guéret, celui du Taurion et de la Vienne, et le Plateau de Millevaches avec ses dépendances méridionales. Elle ne comprenait que deux localités un peu importantes : Aubusson et Felletin.

Les vicomtes d'Aubusson étaient issus des vicomtes de Limoges (Xe siècle). La branche vicomtale s'éteignit vers 1260, après avoir vendu son fief au comte de Marche (1).

5o La vicomté de Rochechouart à l'ouest de la précédente. Elle fut constituée sur la fin du Xo siècle, en faveur d'Aimeric Ostrofranc, fils de Géraud, cinquième vicomte de Limoges, et s'étendait, semble-t-il, jusqu'à la limite occidentale du Limousin, couvrant tout le pays entre la Vienne et les sources de la Bandiat, mais ne renfermant que de modestes bourgades.

Cette vicomté passa par mariage dans la maison de Pontville vers 1470. La maison de Rochechouart, issue comme celle d'Aubusson des vicomtes de Limoges, subsiste dans sa branche de Mortemart et, seule des maisons du Limousin avec celles de Noailles et des Cars, figure encore dans l'*Almanach de Gotha*.

6o La vicomté de Bridiers, au nord de la Marche, dans le voisinage de la Souterraine. Elle échancrait

---

(1) Voy. M. Cyprien Pérathon, *Histoire d'Aubusson* (et de sa vicomté, 1886).

assez profondément le Limousin, mais s'étendait aussi sur le diocèse de Bourges.

Sortis peut-être des vicomtes de Limoges (X⁰ siècle). les vicomtes de Bridiers se sont éteints au commencement du XIV⁰ siècle.

7° La vicomté de Comborn dans le bassin de la Garonne. Elle s'étendait sur les deux vallées de la Vézère et de la Corrèze, et débordait celle-ci jusqu'à la Dordogne, enfermant ainsi dans ses limités presque tout le pays au sud du Plateau de Millevaches, ainsi que les domaines des abbayes de Tulle, Uzerche et Vigeois.

La ligne aînée, issue des vicomtes de Limoges (X⁰ siècle), s'éteignit en la personne d'Archambaud IX, vers 1380. Elle fut remplacée par la ligne cadette qui s'éteignit à son tour vers 1512.

8° La seigneurie de Chambon qui, pendant trois siècles (X⁰ et XII⁰ siècles), resta partie intégrante du Limousin. Vers 1180, par suite d'un mariage, elle passa sous la suzeraineté des comtes d'Auvergne, dont elle suivit les destinées politiques. Elle est désignée, depuis lors, sous le nom de Combraille. En 1360, la Combraille échut féodalement à la maison de Giac, puis avec titre de baronnie successivement aux maisons de Montpensier (1522) et d'Orléans (1627). Elle comprenait la région de la Voueize et de la Tarde, à l'ouest du Cher supérieur, avec les petites villes d'Auzances, Evaux, Lépaud, Sermur, Bellegarde et Crocq.

Les villes de Bellegarde et Crocq s'en détachèrent au XIV⁰ siècle, sous le nom de Franc-Alleu. Ce pays était alors possédé, depuis 1240 par la maison de Montpensier. Il passa en 1416 à celle de la Tour d'Auvergne et, à partir de 1631, à quelques autres moins célèbres.

Il appartenait en dernier lieu, depuis 1738, à la maison d'Ussel.

9° Au sud de la Dordogne, la Xaintrie qui mouvait de l'abbaye St-Géraud d'Aurillac (fondée en 856). Cette vassalité a duré jusqu'à la fin du moyen âge.

***

Parmi les seigneurs ecclésiastiques l'évêque de Limoges était le plus richement possessionné et le disputait même au vicomte de Limoges. Mais au lieu d'être d'un seul tenant, ses fiefs étaient disséminés un peu partout. Sur la Vienne il avait Eymoutiers, St-Léonard, la cité de Limoges, les châteaux d'Isle et St-Junien; au nord de la rivière la tour de Nieul, les terres de Compreignac, La Jonchère, Razès, Bessines, Laurière et primitivement Boussac sur la petite Creuse; au sud de la Vienne Donzenac, Blanchefort, St-Jal, Allassac, Brive et Malemort; près de Chabanais Veyrac et Chateaumorand; ailleurs quinze ou vingt autres domaines, pour lesquels la plupart des seigneurs féodaux lui rendaient hommage.

L'abbaye de Solignac avait reçu de Charles le Chauve, en 922, seize églises avec leur territoire, situées toutes dans le diocèse de Limoges : St-Martin-de-Nedde, St-Martin-de-Treignac, St-Germain-les-Vergnes, St-Saturnin-de-Glandon, St-Bonnet-la-Forêt, St-Pardoux-de-Sussac, etc. Elle fit passer peu à peu sous son patronage une quarantaine de paroisses ou bénéfices situés presque tous aussi dans le diocèse : Ayen, Brivezac, La Celle près Eymoutiers, St-Hilaire-Bonneval, Linards,

Ste-Marie-de-Pierrebuffière, le Vigen, Chamboulive, Nouars, Folles, etc. A ces bénéfices étaient joints naturellement des prérogatives spirituelles et des droits utiles.

En bas Limousin, l'abbaye de Tulle était également fort riche et possédait la Roche-Canillac, Toy-Viam, Marcillac, Grandsaigne, Orlhac, etc. Mais la plus grande partie de ses terres était en Quercy.

L'abbaye d'Uzerche avait le prieuré de Monceix, les prévotés de St-Salvadour et de Veix, des biens à St-Solve, à St-Viance, à Condat près Uzerche, à Ahun, etc. C'est d'Uzerche que relevait primitivement le prieuré de Meymac, devenu plus tard abbaye.

L'abbaye de Beaulieu avait mieux évité l'émiettement de ses fiefs; mais ils étaient, comme ceux de l'abbaye de Tulle, répandus surtout en Quercy et portaient aussi de ce côté les intérêts temporels et l'influence du clergé limousin.

Quant à l'abbaye St-Martial de Limoges, le plus clair de ses revenus consistait dans les rentes qu'elle levait sur la plupart des maisons de Limoges-château et de la banlieue. En dehors de Limoges le bourg de La Souterraine lui avait été donné en 1015 par Gérald de Crozant. Au XVIII° siècle l'abbé de St-Martial nommait encore à cent-cinq bénéfices disséminés dans seize diocèses différents et percevait à chaque mutation un droit fixé par l'usage.

Avec le XV° siècle, loin de se développer, ces domaines d'Eglise commencèrent à diminuer en nombre et en valeur par des raisons à la fois historiques et économiques. Il était réservé aux Jésuites limousins que le Limousin, au XVII° siècle, une des plus hautes fortunes territoriales qu'on y ait vues. Vers la fin de ce siècle, ils possédaient des biens-fonds dans soixante-six paroisses différentes et avaient réuni à la mense de leur collège partie des revenus de quatre-vingt-huit bénéfices situés pour la plupart en Limousin.

***

Au cours du moyen âge et jusque sous l'ancien régime, de profondes modifications se sont produites dans le lotissement des principaux fiefs limousins.

Ainsi la principauté de Chabanais paraît s'être constituée tout au commencement du XI° siècle, aux dépens de la vicomté de Rochechouart et du comté de Marche. Elle porta plus tard à l'Angoumois les territoires qu'elle avait rassemblés sur les deux rives de la Vienne, au grand coude de cette rivière, jusque vers Confolens.

Au XII° ou XIII° siècle, les vicomtes de Rochechouart poussèrent leur domination au nord de la Vienne jusque vers Brigueil et Mortemart. Une branche cadette prit même le nom de ce dernier fief entre 1256 et 1260.

Vers 1040, à la suite d'un partage amiable, la moitié orientale de la vicomté de Comborn fut constituée en fief distinct, au profit d'Ebles, fils d'Archambaud II, et devint la vicomté de Ventadour avec les bourgs de Lapleau, Ussel, Meymac, Egletons, Corrèze, c'est-à-dire la vallée supérieure de la Corrèze et la région des premiers affluents de la Dordogne. La vicomté de Ventadour devint plus tard comté, 1350, puis duché en 1578, puis pairie en 1589. De Ventadour le chef-lieu passa successivement à Egletons et à Ussel (fin du

XVI° siècle). Quant à la vicomté de Comborn, elle mouvait sûrement de l'évêque de Limoges au commencement du XIV° siècle.

Au XI° ou XII° siècle, les sires de Déols mirent la main sur Boussac et la vallée supérieure de la Petite Creuse, qui se trouva ainsi rattachée féodalement au bas Berry. Mais, au milieu du XIII° siècle, la suzeraineté de Boussac passa à cette maison de Brosse dont les ancêtres, issus au X° siècle des vicomtes de Limoges, avaient porté en Berry leur humeur belliqueuse. La maison de Brosse s'étant éteinte en 1564, ses fiefs limousins arrivèrent par mariage à la maison de Luxembourg, puis à celle de Lorraine en 1579, de Vendôme vers 1610, de Loménie en 1610, de Rilhac en 1649, etc.

La châtellenie d'Herment en Auvergne, qui devint baronnie en 1370, a étendu son ressort sur le bas Limousin jusque vers Ussel à une époque que nous ne pouvons préciser.

Vers 1260, au moment où la vicomté d'Aubusson et le comté de Marche furent réunis, on en démembra une partie en faveur de Guy de Lusignan frère de Hugues XII. Ce démembrement comprenait un assez vaste territoire avec Nedde et Peyrat dans la vallée supérieure de la Vienne, Bourganeuf et Pontarion sur le Taurion, Royère entre ces deux rivières. Le nouveau possesseur, tout au moins ses successeurs sous le nom de barons de Peyrat, hommagèrent directement à Alphonse, comte de Poitiers, en sorte que leur domaine, à travers toutes ses vicissitudes, fut désormais considéré comme une enclave poitevine en plein Limousin. Au moment de la Révolution, cette enclave de Bourganeuf (ou enclave intérieure) mesurait 72,000 hectares de superficie.

Vers 1312, la vicomté de Bridiers passa également par traité au Poitou qui était alors aux mains d'un fils de Philippe le Bel, Philippe le Long. La vicomté de Rochechouart eut même destinée, un siècle plus tard, et porta son hommage au frère du feu roi Charles V, Jean comte de Poitiers † 1416. A la fin du XVIII° siècle, l'enclave poitevine de Bridiers (ou du nord-ouest) avait une superficie de 102,000 hectares, celle de Rochechouart (ou de l'ouest) une superficie de 78,000 hectares.

Par contre il y avait en pleine Marche deux enclaves limousines : l'une s'étendait autour de La Souterraine qui, nous l'avons déjà dit, appartenait depuis le XI° siècle à l'abbaye St-Martial de Limoges ; l'autre, au sud de la Gartempe, d'origine inconnue, comprenait les localités de Bénévent, Grand-Bourg, Salagnac, St-Vaury, Paulhac et Montaigut-le-Blanc.

A la mort de Louis I de Bourbon, comte de Marche, 1342, son fils Jacques reçut en partage la Marche et, au delà du Cher, une châtellenie d'Auvergne, Montaigut-lez-Combraille. Celle-ci fut ainsi rattachée, mais seulement au point de vue financier, à la Marche jusqu'à la réunion de cette province à la couronne en 1527. De là, sur la carte qui se trouve en tête du présent volume, cette corne auvergnate qui correspond à la corne poitevine de Charroux au delà de la Vienne.

Quand la maison de Montpensier eut mis dans sa main les deux Marches et la Combraille (1522-1527), le nord du Limousin primitif, sauf la vallée supérieure de la Petite Creuse et les enclaves poitevines, se trouva momentanément unifié. La Marche et le Limousin eurent alors, à peu de chose près, même étendue. •

La seigneurie de Pierrebuffière, qui se titrait au XVII° siècle première baronnie du Limousin, a eu des commencements modestes. A l'origine c'était un arrière-fief de la vicomté de Limoges, qui s'unit la terre de Châteauneuf au commencement du XIV° siècle, la seigneurie de Peyrat au commencement du XV°, une partie de la vicomté de Comborn (Comborn et Chambéret) au commencement du XVI°. Ainsi se trouva constituée la baronnie de Pierrebuffière, sur les deux rives de la haute Vienne, appuyée au nord sur le Taurion, au sud sur la Briance. Position privilégiée si seulement l'une ou l'autre de ces trois rivières avait été navigable. La baronnie de Pierrebuffière se disloca au milieu du XVII° siècle, lorsque la seigneurie de Peyrat, confisquée par le roi, passa en d'autres mains.

L'autre moitié de la vicomté de Comborn (à savoir Treignac, Allassac, etc.) était passée aux seigneurs de Pompadour. Pour ces anciens vassaux de la vicomté de Limoges, cet agrandissement fut aussi le commencement de la fortune, et la fortune fut à son comble quand, au commencement du XVII° siècle, la châtellenie de Nontron vint s'ajouter aux autres domaines. Nous soupçonnons que les baronnies de Lastours et des Cars, qui tiennent une si belle place en Limousin au XVII° siècle, ne datent pas de plus loin, en tant que puissances territoriales. Le duché de Noailles lui-même (avec Ayen, Larche, Terrasson et Maugent), ne fut érigé en pairie qu'en 1685. Tout l'art de ces parvenus consista à arrondir leurs domaines et à les faire élever d'un rang dans la hiérarchie des dignités féodales.

A une époque que l'on n'a point encore pu fixer, probablement au XI⁰ siècle, la vicomté de Limoges s'était accrue de divers domaines enlevés au Périgord : Thiviers, Peyzac, Ans, Excideuil, Génis-Moruscles, Hautefort, Auberoche, qui ressortirent plus tard à la sénéchaussée de Périgord. Vers 1200, elle acquit des abbés de Charroux la châtellenie de Nontron qui avait fait partie du comté de Limoges jusqu'au milieu du VIII⁰ siècle. Mais pendant la guerre de cent ans, elle perdit momentanément (1316-1438) la châtellenie d'Auberoche et celles de Nontron, Château-Chervix, Châlus, Courbefy, Châlucet, comprises dans son territoire primitif. Elle les recouvra au bout d'un siècle et y ajouta même en 1442, les châtellenies de Larche et Terrasson, aux dépens du Périgord.

En 1438, les vicomtes de Limoges deviennent comtes du Périgord, de même que les comtes de la Marche étaient devenus en 1218 comtes d'Angoulème. Mais il faut voir dans ces acquisitions moins une extension du domaine primitif que l'union temporaire de deux fiefs en la même main (1).

Cette union de la vicomté de Limoges et du comté de Périgord a duré jusqu'à leur annexion au domaine royal en 1589. Mais c'est seulement en 1605-1607 que les ventes et aliénations ordonnées par Henri IV, firent disparaitre les dernières traces de ce grand fief. Rappelons cependant que la vicomté de Limoges, érigée en marquisat par Charles IX, en 1561, fut donnée en apa-

_____

(1) Voy. M. Clément Simon, *La vicomté de Limoges* (au XV⁰ siècle 1879).

nage, avec titre de comté, à Catherine de Bourbon,
dans les dernières années du XVIe siècle, passa dans
la maison de Guébriant à titre d'engagère et se perpé-
tua, sous le nom de comté, pendant la seconde moitié
du XVIIe siècle (1661-96), dans la maison de Roche-
chouart-Chandenier.

Quant aux vicomtes de Turenne, dont le fief primitif
s'étendait en rondeur sur les deux rives de la Dordogne,
ils remontèrent peu à peu ce cours d'eau sur l'un et l'autre
bord. En 1251 ils possédaient, outre la petite ville de
Turenne, les villes ou bourgs de Martel, Mont-Valent,
Floirac, Mirandol, Curemonte, St-Michel, Cazillac,
St-Céré, Gaunhac, Beaulieu et Brive. Ils s'étendirent
plus loin encore, dans la direction de l'est, jusqu'en
amont de Servières sur la haute Dordogne, puis se
poussèrent de là, dans la direction du nord, jusqu'à
Pennacor, à la hauteur de Ventadour et de Neuvic-
d'Ussel.

Tous ces progrès, qui triplaient l'étendue première
de la vicomté, avaient eu lieu aux dépens du Limousin,
du Quercy et de l'Auvergne. Dès la fin du moyen-âge,
les vicomtes de Turenne rendaient hommage, pour
diverses parties de leur grand fief, au roi de France,
à l'abbé de St-Martial de Limoges, à ceux de Beaulieu
et d'Aurillac. En 1645, leur domaine mesurait 30 lieues
de longueur sur 12 ou 13 de largeur; mais il se démembra peu à peu par aliénations volontaires, si bien
qu'au bout de 80 ans, il n'avait plus que 8 lieues de
longueur sur 7 de largeur, soit 56 lieues carrées.

Pour achever l'œuvre de l'unité territoriale de la
France entre Loire et Garonne, il ne restait plus, au
XVIIIe siècle, qu'à unir cette vicomté de Turenne au

domaine du roi. C'est ce qui eut lieu en 1737-38, lorsque Louis XV acheta son fief à Charles-Godefroy de la Tour, duc de Bouillon, pour la somme de 4,200,000 livres. L'année 1738 est la date de décès de la féodalité territoriale dans notre région.

Le roi de France était d'ailleurs, depuis Philippe le Bel, seigneur direct et foncier d'un certain nombre de territoires : celui de Masléon où il fit construire une bastide en 1289; celui de Limoges-cité et de St-Léonard en pariage avec l'évêque (1307), celui de St-Yrieix en pariage avec le chapitre du lieu (1307); d'autres encore qui furent, il est vrai, bientôt aliénés, comme Châlus, Châlucet, Aixe, Courbefy, Bret, etc. (1306 et ss.)

Nous ne pouvons suivre dans toutes leurs vicissitudes les transformations des territoires féodaux. Elles dépassent souvent ce qu'on imaginerait. Ainsi Brive était tenue en coseigneurie par les consuls de la ville, les vicomtes de Turenne et les seigneurs de Malemort. Ussel mouvait des seigneurs d'Ussel, de Ventadour, et de Charlus. La seigneurie de Limoges-château se partageait entre les consuls, les abbés de St-Martial et le vicomte. Il en était de même pour plusieurs autres villes de la province.

.˙.

A la lumière des faits que nous connaissons, quelques considérations s'imposent dès maintenant. De même que nos villes limousines augmentent d'importance à mesure qu'elles s'éloignent du centre géographique (nous le démontrerons plus tard), de même les fiefs que nous venons de visiter croissent en puissance et en renom à mesure qu'ils se rapprochent des provinces voisines. La vicomté de Bridiers et celle de Rochechouart sont à vrai dire d'égale force ou à peu près. Mais le comté de Marche l'a emporté sur la vicomté d'Aubusson, et la vicomté de Turenne répandue sur le Quercy a joué un rôle autrement glorieux que celle de Comborn ou de Ventadour.

La féodalité une fois constituée, il est moins possible que jamais de se représenter le Limousin comme une unité territoriale qui se suffit à elle-même sans rien emprunter ni rien donner à ses voisines. Plus on avance dans le moyen âge, plus l'individualité première disparaît : le comte de Marche est possessionné en Poitou, le vicomte de Bridiers en Berry, celui de Limoges en Périgord, celui de Turenne en Quercy. Les limites du diocèse, bien qu'elles restent immuables à partir du VIIIᵉ siècle, ne suffisent pas à empêcher cet effacement. Non seulement les grandes abbayes de St-Martial, Tulle, Uzerche, Beaulieu, mais les petites abbayes de la frontière comme Dalon, la Colombe, Aubignac ont des biens au dehors. Le prieuré de l'Artige, du haut de son promontoire, commande à une vingtaine de maisons conventuelles sises au delà de la Vienne, en bas Limousin ou en Périgord. Le prieuré d'Aureil s'intitule également chef d'ordre et régente une trentaine de couvents disséminés de l'autre côté de la Vienne, dans la Marche et le Berry. — Inversement, bon nombre d'abbayes non limousines ont des bénéfices et des terres en Limousin. La Couronne près Angoulême, possède chez nous la cure de Dournazac, les prieurés d'Altavaux et de Montcalm ; Tourtoirac près Périgueux a les prieurés de Valentin et de Mureau ; le doyen de Mauriac a St-Victour ; le chapitre de Châteauroux a Châteauponsac. Les augustins de Montmorillon, le grand prieur d'Auvergne, le monastère de Fontevrault, le trésorier de la Sainte-Chapelle de Riom, les abbés de Mauzac, de Brantôme, de Bourgueil, de Charroux, de la Chaise-Dieu, celui de St-Denis, d'autres encore ont été ou sont collateurs de bénéfices et possesseurs de domaines.

De tout ce qui précède il résulte aussi que, si le Limousin féodal a subi des pertes territoriales au profit de l'Angoumois, du Poitou, du Berry et de l'Auvergne, il les a quelque peu compensées aux dépens du Poitou en acquérant le territoire de Charroux, aux dépens de l'Auvergne en reprenant la Xaintrie noire et en s'annexant, pendant quelques années, le territoire de Montaigut-lez-Combraille, — et mieux encore aux dépens du Périgord et du Quercy, grâce aux vicomtes de Limoges et de Turenne. Ceux-ci se sont comme poussés vers le sud-ouest, dont la frontière, le lecteur s'en souvient, était, de vieille date, hérissée de châteaux et de forteresses élevés pour la défensive. Les seigneurs locaux s'en servirent aussi pour l'offensive.

Les divisions féodales ont été en petit ce que furent les divisions par Etats de l'Europe féodale. Grâce aux droits de souveraineté de leurs chefs (droits de justice, de monnayage, d'impôt, de guerre, etc.), les fiefs ont groupé des intérêts multiples, plus tenaces et plus résistants que d'autres. Ils se subdivisaient ordinairement en arrière-fiefs avec rang de châtellenies. Dans ces arrière-fiefs l'unité territoriale est le manse ou tènement. Un tènement est tout lieu habité, pourvu plus ou moins complètement de l'ensemble des biens nécessaires aux fonctions de la vie matérielle et sociale : prés, bois, étangs, moulins, four banal, tour de repaire, chapelle, — et en outre, si le tènement est chef-lieu de paroisse : une église, une abbaye ou un prieuré, une école, un hôpital et quelquefois une maison commune. Plusieurs tènements formaient en effet une paroisse, division à la fois ecclésiastique et civile. Une châtellenie comprenait parfois plusieurs paroisses.

Cependant, les divisions féodales ont marqué leur empreinte sur le sol moins profondément que les divisions ecclésiastiques. Quoique les intérêts matériels soient par nature plus âpres que les intérêts moraux, un temps est venu où la question du four banal a tenu moins de place dans les préoccupations du paysan, où la tour féodale lui est devenue moins utile. A partir de ce moment, tènements et châtellenies ont commencé de s'effacer.

Par contre certaines subdivisions, à la fois régionales et féodales, qui apparaissent au XIe siècle, ont subsisté plus longtemps. Nous voulons parler des pagi féodaux, limités à certaines régions comme les pagi gaulois, mais tirant ordinairement leur nom de quelque château-fort important, et coïncidant sans limites bien fixées avec son territoire immédiat. On a eu ainsi le pays d'Aixe, le pays d'Avalouse, le Barmontois, le pays de Brosse, le pays de Chargnac, le pays de Compreignac, le Dognon, le pays de Forgès, le pays de Gimel, le pays de Gorre, le pays de Las Tours, le pays de Laurière, le pays des Monédières, le pays de la Montagne, le pays de Tarde, le pays du Taurion.

Englobant ces petites divisions régionales on voit naître, dans la seconde moitié du XIVᵉ siècle, quatre grandes divisions régionales qui sont encore usitées dans le langage courant :

Celle de haute Marche pour la région de la Creuse (Felletin, Aubusson, Chénerailles, Ahun, Guéret [cap.], la Chapelle-Taillefer, Dun-le-Palleteau, etc.). Par exception, la châtellenie du Dognon (avec Grandmont) fut considérée comme étant de la haute Marche, bien que séparée par l'enclave poitevine de Bourganeuf ;

Celle de basse Marche pour la région de la Gartempe (Le Dorat, Bellac [cap.], Mortemart, Magnac-Laval, Rancon, Châteauponsac, etc.) ;

Celle du haut Limousin pour la région de la Vienne (Eymoutiers, St-Léonard, Limoges [cap.], St-Junien, St-Yrieix, Pierrebuffière, Châteauneuf, etc.) ;

Celle du bas Limousin pour la région de la Corrèze et de la Vézère (Ussel, Tulle [cap.], Beaulieu, Brive, Uzerche, Ségur, Treignac, etc.).

La limite entre le haut et le bas Limousin passait un peu au nord d'Ussel, de Meymac, Bugeat, Viam, Chambéret, Meillars, Bénaye, St-Julien, mais au sud de Glandon et de St-Yrieix.

En règle générale, dans toute la France, le haut pays c'est celui de la montagne, par opposition au bas pays qui est celui de la plaine ou des terrasses inférieures. Cette distinction est également vraie pour la Marche, mais non pour le Limousin, car l'altitude moyenne de la région de la Corrèze est très sensiblement supérieure à celle de la région de la Vienne (1). Pour expliquer

_____

(1) Voy. ci-dessus, page 3.

cette anomalie qui n'a pas été relevée jusqu'ici (1), il faut supposer que cette distinction du haut et du bas Limousin nous est venue des Anglais de Guyenne qui ont désigné, par celui-ci, la région la plus rapprochée de Bordeaux, celle qu'ils pouvaient atteindre sans s'élever jusqu'au faîte du bassin de la Garonne.

_____

(1) Elle nous a été signalée par M. J.-B. Champeval, dont nous avons déjà prononcé le nom.

Circonscriptions ecclésiastiques, judiciaires, financières et
militaires du Limousin jusqu'à nos jours.

Comme on a depuis longtemps dressé des cartes du
diocèse, nous nous bornerons à indiquer en quelques
mots les **divisions ecclésiastiques** du Limousin.

Diminué au sud-ouest du vaste territoire de Jumillac,
qui lui fut ravi au VIIe siècle par les évêques de Périgueux, — au sud, d'un autre territoire plus restreint
(Rouffiac et Biars), qui fut revendiqué vers la même
époque par le diocèse de Cahors, — à l'est, de la ville
de Crocq et de son territoire passés au diocèse de Clermont avant le XIIe siècle, le diocèse de Limoges re-
présentait encore, à cela près, au moment de la création du diocèse de Tulle, le *pagus Lemovicinus* des
Romains.

Cette création, qui est de 1317-18, ne réduisit guère
le diocèse de Limoges. On se contenta d'enlever dans
le sens de la longueur une bande de territoire aux archiprêtrés de Gimel, de Brive et de Brivezac, et d'y
ajouter toute la Xaintrie au sud de la Dordogne. Le
nouveau diocèse eut 55 paroisses, alors que celui de
Limoges en comptait 868.

Le diocèse de Limoges a subsisté dans ces dernières
limites jusqu'à la Révolution. Suffragant de Bourges

(comme Tulle, Le Puy, St-Flour et Clermont), il se subdivisa, à partir de la seconde moitié du XIe siècle, en archidiaconés, et ce titre a été porté successivement par 13 localités différentes. Mais les archidiaconés furent supprimés en 1477 (1).

Au contraire, les archiprêtrés, qui n'apparaissent qu'au XIIe siècle, ont subsisté jusqu'à la fin de l'ancien régime. Il y en avait alors 18 : Limoges, St-Junien, Rancon, Bénévent, Anzème, Combraille, Aubusson, Chirouze, St-Exupéry, Gimel, Brivezac, Brive, Vigeois, Lubersac, La Porcherie, St-Paul, La Meyze et Nontron. Les chefs-lieux de quelques-uns ont changé, mais non les circonscriptions, sauf au moment de la constitution du diocèse de Tulle.

Au XIIIe et au XIVe siècles furent instituées les officialités : la première à Limoges (av. 1221), la seconde à Tulle (av. 1308), puis deux autres à Guéret et à Chénerailles pour les pays de droit coutumier. Quand celle de Tulle restreignit son action au nouveau diocèse, on créa l'officialité de Brive, dont le ressort s'étendit sur ce qu'on appela plus tard le bas Limousin, celle de Limoges se réservant le haut Limousin. Quant à l'officialité de Guéret, sa juridiction s'étendait exactement sur les archiprêtrés d'Anzème, de Bénévent, de Rancon et de St-Junien ; celle de l'officialité de Chénerailles sur les archiprêtrés d'Aubusson, de Combraille et de Chirouze.

Sous la Révolution, le diocèse de Limoges coïncida

---

(1) On trouve cependant en 1758, dans le diocèse de Tulle, l'archidiaconé de Goulles-en-Xaintrie, « dont l'archidiacre sert au diocèse de Limoges et non à celui de Tulle. »

avec le département de la Haute-Vienne; celui de Tulle s'étendit sur tout le département de la Corrèze. Tous deux eurent Bordeaux pour métropole. D'autre part, le diocèse de la Creuse fut créé, avec Guéret pour siège épiscopal et Bourges pour métropole. Lors du Concordat, les deux évêchés de Tulle et Guéret furent abolis, en sorte que celui de Limoges, restitué à la province de Bourges, s'étendit sur les trois départements. Mais l'évêché de Tulle a été reconstitué en 1822 avec mêmes limites que le département de la Corrèze.

.·.

Quant aux divisions judiciaires introduites par la royauté sous le nom de **sénéchaussées** et de bailliages (1), elles offrent ceci de particulier qu'elles tiennent le moins possible compte des divisions préexistantes, parce qu'elles s'inspirent d'un intérêt nouveau.

Dès la seconde moitié du XIIe siècle, les Anglais mettent un sénéchal à Limoges, mais le ressort de sa juridiction ne nous est pas exactement connu. Quand le roi de France confisque le Limousin en 1204-1206, il s'empresse à son tour d'y envoyer un sénéchal, dont nous ne connaissons pas davantage le ressort. Mais la mention qui s'est conservée d'une sénéchaussée de la Marche, en 1230 et 1246, semble prouver que ces deux parties de notre province étaient alors séparées.

A partir de 1240, sinon plus tôt, l'office de sénéchal

_____

(1) Dans notre région, au moins durant le moyen âge, un bailliage est une subdivision de la sénéchaussée.

du roi de France s'étend certainement sur les trois diocèses de Cahors, Périgueux et Limoges (moins peut-
être la Marche). En 1259, quand saint Louis rendit au
roi d'Angleterre le domaine utile de ces trois diocèses,
un sénéchal français (qui fut quelquefois le sénéchal de
Poitiers) continua d'y faire fonction, concurremment
avec le sénéchal anglais.

Quand les trois évêchés rentrèrent sous la domination française en 1286, le Périgord, le Quercy et le bas
Limousin paraissent avoir continué de former ensemble
jusqu'en 1373 une seule et même sénéchaussée française subdivisée, pour la partie qui nous intéresse, en
deux bailliages : ceux de Brive et d'Uzerche. Quant au
bailliage de Limoges, il fut rattaché à la sénéchaussée
de Poitiers jusqu'en 1360, sauf peut-être une courte
période (1324-1342?), pendant laquelle il forma avec la
Marche une sénéchaussée particulière. La sénéchaussée de Périgord et Limousin, que l'on trouve mention-
née durant la première moitié du XIVᵉ siècle, ne comprenait probablement que le bas Limousin.

A signaler aussi la création par Philippe le Bel du
bailliage de Laron près Peyrat, qui dépendit également de
la sénéchaussée de Poitiers. Ce petit bailliage érigé en
1289 disparut vers 1333. Mais il semble avoir eu un
prolongement dans le bailliage de Bourganeuf qui releva toujours de la sénéchaussée de Montmorillon.

A partir de 1360, la sénéchaussée de Limousin fut
constituée en seule et comprit alors le haut Limousin,
jusqu'au moment où Charles V lui adjoignit les bailliages de Brive et d'Uzerche, fondus dès ce moment en
un seul bailliage, 1373. De la sénéchaussée de Limousin ainsi agrandie, on démembra en 1523 la sénéchaus-

sée de Tulle, et en 1533 celle d'Uzerche. Mais ces deux nouvelles circonscriptions ne furent définitivement organisées qu'en 1561. Le siège de Brive avait dès lors le titre de sénéchaussée et, par cela même, était rendu indépendant du siège de Limoges. — L'octroi fait en 1578 au nouveau duché de Ventadour, d'une sénéchaussée formée aux dépens de celle de Tulle, porta à quatre les circonscriptions de ce nom en bas Limousin. La sénéchaussée ducale de Ventadour eut son tribunal d'abord à Egletons, puis bientôt après à Ussel.

Il nous faut tenir compte ici d'une circonscription judiciaire assez particulière qui a duré jusqu'au milieu du XVIIIe siècle : celle de la cour d'appeaux de Ségur. Ce tribunal avait été établi à la fin du XVe siècle pour recevoir les appels des justices ordinaires de la vicomté de Limoges, à l'instar de la cour d'appeaux de Périgueux, instituée en 1342 pour le comté de Périgord. En 1528, alors que les deux fiefs étaient depuis près d'un siècle aux mêmes mains, les deux sièges furent réunis en un seul. La circonscription de la nouvelle cour d'appeaux de Ségur comprit alors cent cinquante-cinq justices, dont 89 en Périgord et 66 en haut ou bas Limousin. Au commencement de l'année 1750, cette cour fut supprimée et remplacée par une sénéchaussée dont le siège fut établi à St-Yrieix, avec même circonscription, à quelques localités près (1).

Revenons à la sénéchaussée de la Marche. — Nous ignorons sans doute une partie de ses plus anciennes destinées, mais nous savons qu'à partir de la seconde

---

(1) Voy. M. René Fage, *Une ancienne justice : la Cour d'appeaux de Ségur* (1880).

moitié du XIVᵉ siècle elle se partagea en deux. Le siège de la sénéchaussée de la haute Marche fut ambulatoire jusqu'en 1515 (n. st.), date à laquelle on le fixa enfin à Guéret, avec appel au présidial de Moulins (institué en 1551). Elle s'augmenta en 1531 du Franc-Alleu qui comprenait la châtellenie royale de Bellegarde et ressortissait antérieurement à la sénéchaussée de Riom.

Le siège de la sénéchaussée de la basse Marche, ambulatoire comme l'autre, devint sédentaire à Bellac en 1515 (n. st.), puis à l'Isle-Jourdain (1527-61), puis fut transféré au Dorat en 1562, avec appel au parlement de Paris. Mais en 1572 on créa un siège secondaire à Bellac, qui releva de Limoges et de Bordeaux pour les affaires civiles, de Poitiers et de Paris pour les affaires criminelles (édit de 1572, modifié en 1578, rétabli en 1595), puis de Guéret et de Paris à partir de 1636.

Nous ne pouvons indiquer ici l'étendue des ressorts de chacune de ces trois sénéchaussées marchoises. Nous dirons seulement qu'un édit de 1515 (rapporté en 1545) attribua les châtellenies de Bellac, Dorat et Charroux à la vicomté de Châtellerault érigée en duché-pairie, en sorte que la sénéchaussée de la basse Marche ne comprit plus alors ces trois villes.

Quelques-unes de nos sénéchaussées sont montées au rang de présidiaux : Limoges et Brive en 1551, Guéret en 1634, Tulle en 1637. Le présidial de Tulle fut formé aux dépens de celui de Brive; le présidial de Guéret aux dépens des présidiaux de Moulins, Poitiers et Riom, et eut juridiction sur la sénéchaussée de Guéret, sur les sièges royaux de Bellac et Le Dorat, et sur le Franc-Alleu.

Le baillliage de Bourganeuf avait disparu au commencement du XVIIᵉ siècle; il fut compensé par la sénéchaussée de St-Léonard, qui n'eût qu'une existence éphémère (1634-35). Le territoire de ce bailliage, comme celui de l'enclave poitevine de Bridiers, se fondit dans la sénéchaussée de Montmorillon.

Les enclaves limousines de La Souterraine, Bénévent, St-Vaury, etc., relevaient de la sénéchaussée de Limoges. La vicomté de Turenne dépendait primitivement du siège de Brive, plus tard de celui de Tulle. — La vicomté de Rochechouart et celle de Bridiers ressortissaient à la sénéchaussée de Montmorillon; Boussac au bailliage de Bourges depuis 1275, plus tard au bailliage d'Issoudun. — Evaux, depuis au moins 1267, relevait également du bailliage de Bourges; mais plus tard, vers 1541, la Combraille et ses cinq châtellenies seigneuriales (Evaux, Chambon, Auzances, Sermur, Lépaud) formèrent un bailliage particulier, puis passèrent au bailliage de Montpensier, finalement au sénéchal d'Aigueperse, dans le ressort du présidial de Riom. Au commencement du XIVᵉ siècle, Ussel relevait comme fief du bailliage d'Auvergne, mais, pour la justice, du bailliage de Brive, parce que Ussel était de droit écrit.

En 1789, le territoire de l'ancien Limousin comptait près de neuf cents justices seigneuriales.

Le Limousin haut et bas, ainsi que la partie de la basse Marche formant la sénéchaussée de Bellac, étaient de droit écrit. Cependant Limoges avait depuis le commencement du XIIIᵉ siècle une coutume particulière.

Le reste de la Marche, la Combraille et les trois enclaves poitevines étaient pays de droit coutumier et avaient chacune une coutume particulière qui fut rédigée au XVIᵉ siècle.

La Marche fut presque toujours soumise aux grands jours que la royauté institua si fréquemment à partir du milieu du XV° siècle, et nommément à ceux de Poitiers 1454, de Thouars 1455, de Bordeaux (?) 1456, de Clermont 1481 (avec la Combraille), de Poitiers 1531, de Tours 1533, de Moulins 1534 (avec la Combraille), d'Angers 1539, de Moulins 1540 (avec la Combraille), de Poitiers 1541 (avec la Combraille), de Riom 1546 (avec la Combraille), de Tours 1547, de Riom 1550 (avec la Combraille), de Poitiers 1567 (avec la Combraille), de Poitiers 1579, de Clermont 1582 (avec la Combraille et l'enclave poitevine de Bourganeuf), de Lyon 1596, de Poitiers 1634 (avec les enclaves poitevines), de Clermont 1665 (avec la Combraille). — Le Limousin au contraire n'a figuré qu'aux grands jours de Poitiers 1454, de Thouars 1455, de Bordeaux 1456 et 1459 (?), de Limoges 1542, de Limoges 1605 (avec le Quercy), de Poitiers 1634, et de Poitiers 1688 (avec le Poitou et la Saintonge).

La délégation du parlement de Paris qui fonctionna à Toulouse pour les pays du Languedoc, entre 1280 et 1291, n'eut ni la Marche, ni même le Limousin dans son ressort; mais elle eut le Quercy, et c'est pour la partie quercinoise de son fief que le vicomte de Turenne fut quelquefois cité devant ce premier parlement de Toulouse. Réorganisé par le dauphin Charles, de 1420 à 1428, puis définitivement reconstitué en 1443, le parlement de Toulouse n'engloba encore que la partie de la Guyenne sise au sud de la Dordogne, c'est-à-dire cette moitié de la vicomté de Turenne qui embrassait les deux Xaintries et un coin du Quercy.

Quant à la Marche et au Limousin, ils restèrent sous

la juridiction du parlement de Paris qui, de 1418 à 1436, fonctionna à Poitiers. Lorsque le parlement de Bordeaux fut institué (1462-64), nos deux provinces furent comprises dans son ressort. Mais la Marche, pays de droit coutumier, en fut séparée et définitivement réunie au parlement de Paris en 1470.

Vers 1317, la Marche proprement dite avait eu, sous le nom de parlement, sa haute cour de justice à Charroux. Mais ce siège particulier semble avoir pris fin au bout de quelques années, car on n'en trouve plus de traces.

Une ordonnance royale de mai 1788, divisa le ressort du parlement de Bordeaux en quatre grands bailliages : ceux de Bordeaux, Dax, Condom et Périgueux. Les sénéchaussées du Limousin furent naturellement comprises dans le dernier, et Limoges fut ainsi subordonné à Périgueux ! Cette mesure fut jusqu'à la Révolution l'objet de vives protestations.

Lors de l'institution des cours d'appel, on attribua à celle de Limoges les départements de la Haute-Vienne, de la Creuse et de la Corrèze (1810).

..

Les circonscriptions financières appelées **élections** furent introduites dans notre province en 1356. Il y en eut d'abord trois :

1° L'élection de la Marche où la répartition des taxes (votées longtemps par les Etats) se faisait suivant les divisions féodales, c'est-à-dire suivant les châtellenies de Crozant, de Dunois, de Malval, de Guéret, de Chatelus, de Drouilles, d'Ahun, de Montaigut-lez-Com-

braille, de Dognon, d'Aubusson, de Felletin et de Rochefort, en outre du Pays de la Montagne qui était une
division purement régionale ;

2ᶜ L'élection du haut Limousin où elle se faisait
suivant les divisions ecclésiastiques, c'est-à-dire suivant les archiprêtrés de Bénévent, Rancon, St-Junien,
Limoges, La Meyze, Nontron, Lubersac, la Porcherie
et St-Paul (1) ;

3° L'élection du bas Limousin où elle se faisait à la
fois suivant les divisions féodales, ecclésiastiques et
régionales, c'est-à-dire suivant les châtellenies de Treignac et La Roche-Canillac, les archiprêtrés de Chirouze,
St-Exupéry, Gimel, Vigeois, Brive et Brivezac, l'évêché
de Tulle, les pays d'Yssandonois et de Xaintrie blanche.

L'élection du Franc-Alleu fut démembrée de celle du
haut Limousin (sic) en 1480 ; elle comprenait une vingtaine de paroisses autour de Crocq, Bellegarde et Main-
sat, et fut réunie à l'élection de Combraille en 1554.

La vicomté de Turenne ayant ses Etats particuliers
et se disant exempte d'impôts envers le roi, était en
dehors de l'élection du bas Limousin ainsi que la Xaintrie noire.

Quant à la Combraille, aux enclaves poitevines de
Bourganeuf, Bridiers, Mortemart-Rochechouart et aux
lisières passées au Berry (Boussac), à l'Angoumois
(Confolens, Chabanais) et au Périgord (Nontron), elles

---

(1) Charroux, Calais et leur territoire étaient au contraire taxés avec
le Poitou, comme appartenant judiciairement au ressort de Poitiers. La
châtellenie du Dorat, pays de droit coutumier, fut aussi pendant quelque temps par cette seule raison taxée avec le Poitou.

ne députaient point aux Etats de la Marche ni à ceux du Limousin et ne furent point pour cette raison comprises dans les élections.

Une première et importante modification aux circonscriptions de 1451 eut lieu en 1468 par édit de Louis XI. Les châtellenies de Charroux, Calais et St-Germain-sur-Vienne en Poitou, celles de Bellac, Rancon, Champagnac et Le Dorat en basse Marche furent rattachées à l'élection de la Marche (ou de Guéret). En 1588, Aigurande en Berry fut également réuni à l'élection de la Marche.

Lors de l'institution des généralités de finances sous François I, les élections du haut et bas Limousin furent rattachées à la généralité de Bordeaux, puis à celle d'Agen en avril 1544, à celle de Poitiers en juin 1544, à celle de Riom en 1551 (1). L'élection de Bourganeuf resta à la généralité de Poitiers.

L'élection de la Marche de 1468 paraît avoir été comprise originairement dans la généralité de Poitiers, puis (à l'exception de la basse Marche) dans la généralité de Riom en 1551. Elle se subdivisait dès ce temps en élection de Guéret et élection d'Evaux ou de la Combraille (avec adjonction du Franc-Alleu en 1555). En 1587, ces deux élections passèrent à la généralité de Moulins nouvellement créée.

En 1558, Henri II avait institué la généralité de Limoges. Elle fut supprimée en 1560, rétablie à la fin de 1573, supprimée une deuxième fois le 6 avril 1579, rétablie vingt jours plus tard, supprimée une troisième

---

(1) Vers 1547, Tulle était le siège d'une recette particulière des finances pour le bas Limousin.

fois en décembre 1583, mais rétablie définitivement en 1586.

Elle comprenait les élections de Bourganeuf (de 1557), Bellac (de 1558), Limoges, Tulle (vers 1547), Brive (de 1586), et à partir de 1635 celles d'Angoulême, Cognac, St-Jean-d'Angély et Saintes, c'est-à-dire que l'Angoumois et la Saintonge furent placés dans la dépendance de Limoges, comme pour compenser la perte de la haute Marche, de la Combraille et des enclaves poitevines. Cet état de choses dura un demi-siècle : Saintes et St-Jean-d'Angély furent réunis à la généralité de Bordeaux en 1689 (et bientôt à celle de la Rochelle), Cognac à la généralité de la Rochelle en 1694.

L'électionde Bellac créée en 1558, supprimée en 1560, rétablie en 1578, supprimée de nouveau en 1583, rétablie une troisième fois en 1589, fut définitivement supprimée en 1661.

Les élections se divisaient en subdélégations. A la fin du XVIIe siècle la généralité de Limoges comptait trente subdélégations dont six seulement pour l'élection d'Angoulême.

D'autres généralités empiétaient sur le diocèse de Limoges : celle de Bourges englobait 48 paroisses, entre autre la Souterraine et Boussac ; celle de Poitiers 47, entre autres l'élection de Confolens de laquelle dépendait Rochechouart ; celle de Bordeaux 23, entre autres Nontron qui relevait de l'élection de Périgueux.

Depuis 1552 le Limousin et la Marche étaient compris dans le groupe des pays rédimés des aides et des grandes gabelles. Mais les autres droits des cinq grosses fermes y étaient levés comme ailleurs.

Le Limousin et la Marche firent d'abord partie de la cour des aides de Périgueux, établie en 1551, puis de celle de Montferrand en 1557, de Clermont en 1630. Celle-ci comprit dès l'origine les élections d'Evaux, de Guéret, de Bourganeuf, de Bellac, de Brive et de Tulle. Mais l'élection de Bourganeuf ressortit plus tard à la cour des aides de Paris.

..

Les **divisions militaires** sont assez mal connues. En 1342 on trouve mentionné le gouvernement de Saintonge, Poitou et Limousin, en 1352 la capitainerie générale de Saintonge, Poitou, Périgord et Limousin, en 1430 la lieutenance générale du haut pays de Limousin. Mais ce sont là des circonscriptions temporaires, formées selon les besoins du moment.

Au commencement du XVIᵉ siècle la royauté crée le gouvernement de Guyenne qui enferme le Limousin dans ses limites. Mais, à partir de 1562 environ, notre province forme un gouvernement indépendant qui se partage plus tard en deux : l'un pour le haut pays (Limoges), l'autre pour le bas pays (Tulle).

La Marche formait un gouvernement distinct depuis la seconde moitié du XVIᵉ siècle (ch.-l. Guéret). La Combraille ressortissait au gouvernement d'Auvergne; les enclaves de Bridiers et de Rochechouart au gouvernement de Poitou.

Limoges jusqu'à la Révolution a eu des gouverneurs particuliers, Turenne jusqu'en 1776. Quant aux trois villes de Bourganeuf-Eymoutiers-St-Léonard, elles ont formé, du milieu du XVIIᵉ siècle à la Révolution, un

petit gouvernement militaire relevant du gouvernement général du Poitou.

Sous la Révolution et le premier Empire la Haute-
Vienne fit partie de la 21e division militaire (ch.-l.
Poitiers et bientôt Bourges), qui devint la 15e en 1829.
Sous la seconde République, la Haute-Vienne avec la
Creuse et la Corrèze formèrent une subdivision de la
13e division militaire (ch.-l. Clermont).

En 1851 cette subdivision devint la 21e division militaire avec quartier général à Limoges. On y rattacha
le département de la Charente en 1869. Depuis la réorganisation de 1873, Limoges est monté au rang de chef-
lieu de région militaire et de corps d'armée (le [12e),
avec la Creuse, la Corrèze, la Charente et la Dordogne.

VI.

Circonscriptions administratives, académiques, électorales
et agricoles du Limousin, jusqu'à nos jours. — Reconsti-
tution partielle au XIX° siècle de l'unité territoriale primitive.

L'ignorance va répétant que la Révolutien a boule-
versé à plaisir les anciennes circonscriptions provinciales, pour y substituer des circonscriptions aux limites
purement arbitraires. En ce qui touche le Limousin,
c'est justement le contraire qui est vrai. La Révolution
n'a fait que simplifier, en les unifiant par **départements**, des territoires que la féodalité et la royauté
avaient déchiquetés à outrance.

Sous le nom de département de la Corrèze la Constituante enferma la presque totalité du bas Limousin,
en laissant au Lot la partie quercinoise de la vicomté
de Turenne, à la Dordogne la partie périgourdine de la
vicomté de Limoges, et en ne prenant à la Marche que
le plateau de Millevaches et ses entours de Sornac et
de Bugeat.

Sous le nom de département de la Creuse elle restaura la Combraille et presque toute la haute Marche,
avec les territoires qui en avaient été séparés (Bourganeuf, Boussac, la Souterraine, Bénévent).

Sous le nom de département de la Haute-Vienne elle
groupa la basse Marche, les quartiers de la haute Mar-

che les plus rapprochés, les deux tiers de la vicomté de Rochechouart, une partie des enclaves poitevines de Bourganeuf et Bridiers, et toute la partie de la vicomté de Limoges qui était du haut Limousin.

C'est pour avoir tenu compte du dernier état féodal que la Constituante a refusé à la Haute-Vienne et à la Corrèze les territoires qui appartiennent aujourd'hui aux cantons de Confolens, Chabanais, Montbron (Charente), Nontron, St-Pardoux-la-Rivière, Jumilhac, Lanouaille et Larche (Dordogne).

Les limites originelles de nos trois départements limousins n'ont guère varié depuis 1790. Cependant la Haute-Vienne a perdu, vers 1800, les communes de Luchapt et Asnière passées à la Vienne. Il y a eu changements de limites : entre la commune de Coussac (Hte-V.) et celle de Lubersac (Cor.) en 1822; — entre la commune de Folles (Hte-V.) et celles de Fursac et Paulhac (Cr.) en 1824; — entre la commune de Saint-Yrieix (Hte-V.) et celle de Jumilhac (Dor.) en 1829; — entre les communes d'Arnac-la-Poste et St-Amand-Magnazeix (Hte-V.) et celle de la Souterraine (Cr.) en 1830; — entre la commune de Videix (Hte-V.) et celle de Pressignac (Char.) en 1834; — entre la commune de Dournazac (Hte-V.) et celle de Mialet (Dord.) en 1840 (1).

Par contre les divisions intérieures ont subi d'assez grandes modifications. La Corrèze, qui comprenait d'abord 4 districts (Brive, Tulle, Uzerche, Ussel) et 40

(1) Nous n'avons pu trouver de renseignements précis pour la partie des départements de la Creuse et de la Corrèze non limitrophe du département de la Haute-Vienne.

5

cantons, fut réduite à 3 arrondissements et 29 cantons par la loi du 28 pluviôse an VIII (17 fév. 1800), le district d'Uzerche ayant été réparti entre les arrondissements de Brive et de Tulle.

La Haute-Vienne, qui comprenait d'abord 6 districts (Le Dorat, Bellac, St-Junien, Limoges, St-Léonard, St-Junien) et 40 cantons, fut réduite à 4 arrondissements et 27 cantons par la même loi, le district du Dorat ayant été fondu dans l'arrondissement de Bellac, et celui de St-Léonard dans l'arrondissement de Limoges. Quant au district de St-Junien, il subsista tout entier; mais son chef-lieu fut transféré à Rochechouart qui était déjà le siège du tribunal civil.

Quant à la Creuse, elle a été plus profondément modifiée par la loi du 28 pluviôse an VIII. Ses 7 districts primitifs (Aubusson, Bourganeuf, Boussac, Evaux, Felletin, Guéret, La Souterraine) ainsi que ses 35 cantons furent ramenés à 4 arrondissements et 25 cantons, les districts d'Evaux, Felletin et La Souterraine ayant été supprimés.

A ces premières modifications il faut ajouter celles qu'ont subies quelques arrondissements. En 1822, le canton de Laurière et ses sept communes (Hte-Vienne) ont passé de l'arrondissement de Bellac à celui de Limoges. Aux environs de 1802, Pallier (Creuse) a été remplacé comme chef-lieu de canton par Gentioux. De même en 1865, Servières (Corrèze) a disparu comme chef-lieu de canton devant Saint-Privat.

En ce qui touche les communes, les changements ont été naturellement plus fréquents. Mais comme ils n'ont guère consisté qu'à réunir deux communes en une seule, comme cela s'est pratiqué surtout en 1800, ou bien à scinder des groupes de villages en deux communes distinctes, comme cela se pratique encore, il n'y a pas lieu de nous y arrêter.

Aujourd'hui la Haute-Vienne possède 203 communes, 551,658 hectares de superficie et 363,182 âmes (1); — la Corrèze 287 communes, 586,609 hectares et 326,494 âmes; — la Creuse 266 communes, 556,830 hectares et 284,942 âmes (2). Mais pour juger de l'importance de ces chiffres, il faut les comparer avec d'autres et savoir que la Seine-Inférieure, par exemple, compte 760 communes, 603,550 hectares et 800,000 âmes.

Les **circonscriptions académiques** ont été inconnues de l'ancien régime. Un décret de 1808 ayant réglé que les ressorts d'académie coïncideraient avec les ressorts de cours d'appel, la Haute-Vienne, la Creuse et la Corrèze formèrent une seule et même académie administrée par un recteur siégeant à Limoges (3). La loi de 1850 pour diminuer l'importance des académies en créa une par département. Mais la loi du 4 juin 1854 voulut considérer chaque académie comme un groupe d'écoles primaires et secondaires se rattachant à un corps de facultés exerçant une juridiction scolaire. La Haute-Vienne fut alors comprise dans l'académie de Poitiers, la Creuse et la Corrèze dans l'académie de

---

(1) Recensement de 1886.

(2) Voy. à l'*Appendice* la progression de la population dans nos trois départements depuis 1801.

(3) Cependant, de février à août 1815, l'académie de Limoges fut réunie à celle de Clermont.

Clermont. Cette distribution de nos trois départements limousins existe encore.

∴

Il n'y a rien non plus sous l'ancien régime qui rappelle les circonscriptions représentatives inventées par le premier Empire sous le nom de Sénatoreries (1). Celle de Limoges, en vertu d'un décret de nivôse an XI (déc. 1803), comprit les trois départements de la Haute-Vienne, de la Creuse et de la Corrèze.

En ce qui touche les élections à la Chambre des députés, elles ont toujours eu lieu par circonscriptions administratives, c'est-à-dire par cantons ou par arrondissements. Cependant le second Empire, mû par des considérations politiques, modifia arbitrairement cette tradition et créa de véritables circonscriptions **électorales**. La Haute-Vienne comprit deux collèges électoraux : 1° à l'ouest, les cantons de Magnac-Laval, Le Dorat, Mézières, Bellac, Nantiat, St-Junien, Rochechouart, St-Laurent, Oradour-sur-Vayres, St-Mathieu, Châlus, Nexon et St-Yrieix ; — 2° à l'est, les cantons de St-Sulpice-les-Feuilles, Châteauponsac, Bessines, Laurière, Ambazac, Nieul, Aixe, Limoges nord et sud, St-Léonard, Pierrebuffière, St-Germain, Châteauneuf et Eymoutiers.

La Creuse compta également deux collèges électoraux : 1° au nord, les arrondissements de Guéret et Boussac ;

---

(1) Il n'est pas inutile de rappeler que le sénateur avait la préémi nence sur toutes les autorités locales dans l'étendue de sa circonscription.

— 2° au sud, les arrondissements de Bourganeuf et Aubusson.

Dans la Corrèze, les deux collèges électoraux furent ainsi composés : 1° à l'ouest, l'arrondissement de Brive et les cantons d'Uzerche et de Seilhac compris dans l'arrondissement de Tulle ; — 2° à l'est, l'arrondissement de Tulle, moins les deux cantons précités, et l'arrondissement d'Ussel.

Depuis la loi de 1875 les collèges électoraux coincident avec les arrondissements. La seule exception concerne l'arrondissement de Limoges qui, en raison du chiffre élevé de sa population, comporte deux collèges électoraux : l'un comprend les cantons nord et sud de Limoges et le canton d'Ambazac ; l'autre le reste de l'arrondissement.

Quant aux **régions agricoles** entre lesquelles nos trois départements ont été répartis sous le second Empire, elles ont été si fréquemment modifiées depuis l'origine, sans jamais donner satisfaction aux intéressés ni répondre aux conditions naturelles du sol, qu'il n'y a point lieu d'en tenir compte ici.

Aux régions agricoles on peut donner comme origines les maîtrises d'eaux et forêts qui furent créées au XVIe siècle. Mais on ignore encore comment nos deux provinces y furent rattachées. On sait seulement qu'il y eut une maîtrise à Aubusson probablement dès 1554 et qu'elle fut, quelques années plus tard, transférée à Guéret, avec juridiction sur toute la Marche. A la fin du XVIIe siècle la grande maîtrise de Poitou, Aunis,

Saintonge, Angoumois, Limousin, Marche, Bourbonnais et Nivernais, instituée par Colbert, se subdivisait en
maîtrises particulières dont l'une à Guéret pour la
Marche, l'autre à Angoulême pour l'Angoumois et le
Limousin. Mais de 1707 à 1723 cette dernière province
fut soumise à la maîtrise particulière de Guéret. En
1723, celle-ci fut démembrée par la formation d'une
maîtrise particulière de la basse Marche à Bellac, et
d'une autre pour le Limousin à Limoges, qui fut transférée à Brive en 1756. Elle englobait le Limousin, le
Quercy et une partie de l'Angoumois. La Combraille eut
aussi au XVIIIᵉ siècle une maîtrise particulière dont le
centre était à Evaux.

Les subdivisions du diocèse et de la région militaire,
celles du ressort de la cour d'appel, des circonscriptions
académiques et financières coïncident en général avec
celles des départements. Il n'y a donc point lieu d'en
parler ici.

Puisque nos trois départements limousins (Creuse,
Haute-Vienne, Corrèze) ont été englobés dans le diocèse
de Limoges de 1802 à 1822, dans la sénatorerie de
Limoges, de 1803 à 1814, dans l'académie de Limoges,
de 1808 à 1850, dans la 21ᵉ division militaire, de 1851
à 1869, et dans le ressort de la cour d'appel de Limoges
depuis 1810 jusqu'aujourd'hui, une conclusion s'impose
à nous : c'est que le XIXᵉ siècle a vu se reconstituer,
pendant quelque temps, et mieux qu'on ne le croit

d'ordinaire, l'unité de territoire et d'intérêts que nous avons rencontrée au début de cette étude et que l'ancien régime avait si complètement bouleversée. Si l'expérience d'un nouveau groupement administratif des départements doit être faite (comme il en a été question au cours de la dernière législature), cette expérience pourrait être tentée en Limousin plus facilement qu'ailleurs.

VII

Groupement et classement des monastères, églises et villes
du Limousin, sous différents points de vue. — Origines,
industries, population et institutions des villes. — Limoges
centre historique de la province depuis les origines jusqu'à
nos jours. — Aspect et importance comparés de Limoges
ancien et moderne. — Limoges nœud du système routier
de la province depuis les origines jusqu'à nos jours. —
Voies romaines, routes principales et chemins de fer de la
région.

Dans le deuxième et le troisième chapitre de ce Précis,
nous avons signalé, selon leur ordre géographique, les
principales abbayes, églises et villes du Limousin. Il
importe maintenant de les grouper sous différents points
de vue pour arriver à de nouveaux aperçus (1).

Eu égard au nombre, les groupes de monastères se
succèdent dans l'ordre qui suit (2) :

1° Groupe de la Vienne et du Taurion : monastères
d'Eymoutiers, St-Léonard, Limoges, Les Alloix, Solignac,
Grandmont, Ambazac, les deux Drouilles, St-Junien,
Beuil, Boubon et Lesterps ; prieurés d'Aureil et de
l'Artige ; commanderie de Bourganeuf.

------

(1) En ce qui concerne les châteaux nous ne pouvons naturellement
modifier le groupement que nous avons reconnu plus haut, p. 23.

(2) Nous mentionnons même les abbayes qui ont disparu dès le XIe
siècle par voie de sécularisation. Quant aux prieurés, nous ne nommons
que les plus importants.

2° Groupe de la grande et de la petite Creuse : monastères d'Ahun, Guéret, Prébenoit, Aubepierre ; prieurés de Felletin, Moutier-Rauzeille, Les Ternes, Blessac, Chambon-Ste-Croix et Boisféru.

3° Groupe de la Dordogne et de ses premiers affluents : monastères de Beaulieu, St-Angel, Meymac, La Valette, Bonnesaigne et Bonnaigue ; prieurés de Port-Dieu, Bort et Montcalm ; commanderie de Bellechassagne.

4° Groupe de la Vézère et de la Corrèze : monastères de Vigeois, Uzerche, Tulle et Aubazine ; prieurés de Coyroux, Donzenac et Glandiers.

5° Groupe de la Gartempe et de la Brame : monastères de Bénévent, Le Dorat, Aubignac et La Colombe ; prieuré de Châteauponsac.

6° Groupe des affluents de gauche du Cher : monastère de Bonlieu ; prieuré de Chambon-Ste-Valérie.

7° Groupe des afflents de l'Isle : monastères de St-Yrieix et de Dalon.

On obtient des résultats un peu différents si l'on groupe géographiquement les églises dites historiques (1) :

1° Vallées de la Vézère et de la Corrèze : églises de Vigeois (r.), Uzerche (r.), St-Cyr-la-Roche (g.), St-Robert (r.), Brive (r.), Aubazine (r.) et Tulle (r.).

2° Vallée de la Vienne et de ses affluents : églises

_____

(1) Les églises que nous nommons sont celles qui figurent dans la *Liste des monuments historiques de la France*, dressée en 1889 par les soins de la direction des Beaux-Arts au Ministère de l'Instruction publique. Nous y avons cependant ajouté les églises d'Eymoutiers, de Moutier-d'Ahun et de Châteauponsac, sans crainte d'être contredit par quiconque connaît ces trois monuments. — R = roman, G = gothique, M = mixte.

d'Eymoutiers (m.), St-Léonard (m.), Limoges (St-Martial, r. [disparu] et St-Etienne, g.), Solignac (r.), St-Junien (r.) et Lesterps (r.).

3° Vallée de la Dordogne et de ses affluents : églises de Beaulieu (m.), St-Angel (m.) et Meymac (r.).

4° Vallée de la Gartempe : églises de Bénévent (r.), Châteauponsac (r.) et Le Dorat (r.).

5° Vallée de la Creuse et de ses affluents : églises de La Souterraine (m.) et Moutier-d'Ahun (r.).

6° Vallée de l'Isle et de ses affluents : églises de St-Yrieix (m.) et Arnac-Pompadour (r.).

7° Vallée du Cher et de ses affluents de gauche : église de Chambon-Ste-Valérie (r.).

Classés suivant leur importance historique, les groupes géographiques de nos villes limousines se succèdent comme suit :

Celui de la Vienne avec Eymoutiers, St-Léonard, Limoges, St-Junien, Aixe et Chabanais ;

Celui de la Corrèze avec Tulle et Brive ;

Celui de la Creuse avec Felletin, Aubusson et Guéret ;

Celui de la Gartempe avec Châteauponsac, Magnac-Laval, Le Dorat et Bellac ;

Celui de la Vézère avec Treignac et Uzerche ;

Celui de la Dordogne avec Argentat et Beaulieu.

Quant aux villes de Boussac, La Souterraine, Confolens, Rochechouart, Nontron, St-Yrieix, Ussel, Peyrat et Bourganeuf, elles ont eu une existence isolée, qui permet difficilement de les rattacher à l'un ou l'autre des groupes naturels. Elles forment donc un groupe fictif.

Chacun des groupes géographiques peut aussi être

considéré comme un ensemble de forces sociales en action. Les rapports quotidiens qui s'établissaient entre les villes par raison de voisinage eurent, en effet, cette conséquence d'obliger les habitants à défricher les forêts, à construire des ponts pour relier les « chemin battus », à pourchasser les brigands et les bêtes malfaisantes. On peut donc affirmer *a priori* que le territoire compris dans l'intérieur d'un quadrilatère, comme celui que déterminent Magnac, Le Dorat, Bellac et Châteauponsac, a été plus tôt civilisé que le territoire extérieur.

Il est à remarquer que les villes de chaque groupe gagnent en importance à mesure qu'on s'éloigne du plateau de Millevaches. Eymoutiers est inférieur à St-Léonard qui l'est lui-même à St-Junien. C'est par même raison que Felletin et Aubusson ont été dépassés par Guéret, comme Evaux et Chambon par Boussac, non sans lutte toutefois. Bellac et Le Dorat ont un autre rôle dans leur région que Châteauponsac et Magnac-Laval. Uzerche l'a toujours disputé à Treignac, et Beaulieu a longtemps tenu plus de place dans l'histoire du bas Limousin qu'Argentat ou même Ussel. Cependant en bas Limousin Tulle l'a emporté sur Brive et Ussel sur Ventadour. Mais ce déplacement de capitales remonte assez haut dans le passé et rappelle celui qui s'est produit dans la basse Marche avec Le Dorat et Bellac, dans la haute Marche avec Aubusson et Guéret, dans la Combraille avec Chambon et Evaux.

* *

Nous distinguerons maintenant les villes du Limousin suivant leurs origines.

Les unes, comme Eymoutiers, St-Léonard, St-Junien,

Tulle, Felletin, Guéret, Le Dorat, Uzerche, Beaulieu, La Souterraine, Nontron, St-Yrieix, se sont formées ou tout au moins développées autour de monastères.

Les autres, comme Aixe, Chabanais, Châteauponsac, Magnac-Laval, Bellac, Treignac, Boussac, Rochechouart, Ussel, Peyrat se sont abritées sous les murailles d'un château-fort.

Quant aux villes qui ne rentrent nettement dans aucune de ces deux catégories, ce sont originairement des têtes de pont. Brive, Argentat, Confolens, Ahun sont de ce nombre et, à y bien regarder, toutes les grosses localités de l'époque celtique qui sont assises au bord d'un cours d'eau. En ce qui touche Limoges nous exposerons tout à l'heure ses origines multiples.

Nous pouvons aussi distinguer les villes industrielles. Il y en a du reste fort peu. Limoges vient en tête, de très vieille date, avec ses industries artistiques au moyen âge et au XVIᵉ siècle, avec ses fabriques de droguets, d'étoffes de soie, d'épingles, de cartes, de cire aux XVIIᵉ et XVIIIᵉ siècles, de porcelaine au XIXᵉ siècle. Viennent ensuite Aubusson et Felletin avec leurs tapisseries célèbres dès le XVᵉ siècle, Tulle avec sa manufacture d'armes fondée en 1696, Brive avec ses fabriques de tissus introduites au XVIIIᵉ siècle, Bellac et Eymoutiers avec leurs tanneries si actives au XVIIᵉ siècle, St-Junien et St-Léonard avec leurs tanneries et leurs papeteries, St-Yrieix avec ses fabriques de porcelaine établies depuis la découverte du kaolin.

Dans aucune de ces localités, sauf Limoges, le chiffre de la population ne s'est jamais élevé sous l'ancien régime au delà de 6 ou 7,000 âmes. Ce peu de densité des centres d'habitation devrait être pris en considération dans une histoire du Tiers-état limousin. Il semble provenir moins du peu de fécondité des mariages que de la grande mortalité des enfants, du nombre exagéré des célibataires et de l'émigration des gens de labeur. A la fin du XVII° siècle, les neuf villes les plus peuplées, d'après les *Mémoires* des intendants, sont : Limoges (14,000 hab.), Tulle (5,000), Brive (4,000), St-Junien (3,000), Bellac (3,000), St-Yrieix (2,600), St-Léonard (2,400), Guéret (2,300), Aubusson (2,100).

. Depuis le commencement du siècle (1), le chiffre de la population s'est sensiblement développée dans chacune de ces villes. En voici la preuve dans le tableau suivant :

Villes	1801	1821	1841	1861	1881	1886
Limoges	20250	24992	29870	51053	63765	68477
Tulle	9363	8097	10444	12410	16196	16277
Brive	5762	6829	8821	9854	14182	15707
St-Junien	5934	5737	5467	6795	8092	8479
Bellac	3901	3501	3583	3633	4511	4803
St-Yrieix	5028	6413	7110	7613	8051	7626
St-Léonard	4815	5865	5613	6196	6160	6038
Guéret	3125	4014	4849	5139	6749	7065
Aubusson	3460	3522	5196	6003	6782	6723

---

(1) Les chiffres que donne la *Statistique de la France* (publiée en 1837, p. 267) pour chacune de nos villes en 1789 sont si évidemment exagérés que nous ne les reproduirons pas ici.

L'ordre d'importance de ces neuf villes est donc quelque peu modifié depuis la fin du XVII° siècle, à considérer seulement la population. Actuellement il s'établit ainsi : 1er Limoges, 2e Tulle, 3e Brive, 4e St-Junien, 5e St-Yrieix, 6e Guéret, 7e Aubusson, 8° St-Léonard, 9e Bellac (1).

En tenant compte des institutions que possédait chaque ville et de l'action dirigeante qu'exerçait chacune d'elles, nous pouvons établir le classement qui suit aux environs de 1650 :

1. **TULLE**
qui possède Evêché — Présidial — Gouvernement — Chapitre — Officialité — .... — Election — .... — Collège (2) — Hôpital

2. **BRIVE**
qui possède ...... — Présidial — .... — Chapitre — Officialité — Archiprêtré — Election — .... — Collège — Hôpital

3. **GUÉRET**
qui possède ..... — Présidial — Gouvernement — (3) — Officialité — .... — Election — Maîtrise — (4) — Hôpital

4. **BELLAC**
qui possède ...... — Sénéchaussée — .... — .... — .... — •••••••••••• — Election (3) — (6) — Collège — Hôpital

5. **ST-JUNIEN**
qui possède ..... — .... — .... — Chapitre — .... — Archiprêtré — .... — .... — Collège — Hôpital

6. **LE DORAT**
qui possède ..... — Sénéchaussée — .... — Chapitre — .... — .... — .... — .... — .... — Hôpital

---

(1) Voyez à l'*Appendice* la progression du chiffre de la population pour l'ensemble des trois départements limousins aux mêmes dates.

(2) Tulle eut même un grand séminaire à partir de 1697. — (3) Guéret ne reçut le chapitre de la Chapelle-Taillefer qu'en 1762. — (4) Le collège de Guéret ne fut fondé qu'en 1710. — (5) L'élection de Bellac fut supprimée en 1661. — (6) La maîtrise des Eaux et Forêts de Bellac ne fut instituée qu'en 1723.

A noter que le rôle dirigeant de Tulle (1) et de Guéret commence à se dessiner au XIV° siècle, et que ces deux villes montent presque en même temps au rang de capitales, l'une par voie ecclésiastique en 1317-18, l'autre plutôt par voie féodale, à la fin du même siècle, — sans que leur position géographique y ait contribué pour beaucoup.

Parmi les neuf villes du premier tableau (p. 77), il n'y a qu'Aubusson (déjà ch.-l. d'archiprêtré) et St-Yrieix (déjà siège de chapitre) qui aient monté de rang entre 1650 et 1789 : le premier par le transfert dans ses murs du chapitre de Moutier-Roseille en 1671, le second par l'octroi d'une sénéchaussée en 1750. Quant à St-Junien (déjà ch.-l. d'archiprêtré et siège de chapitre) et à St-Léonard, ces deux villes étaient trop voisines de Limoges pour devenir des centres d'action de premier ordre.

Au XIXᵉ siècle, les changements de rang ont été nombreux. Le Consulat est allé chercher dans le groupe que nous avons appelé fictif, la plupart de nos chefs-lieux d'arrondissement : Boussac, Bourganeuf, Rochechouart, St-Yrieix, Nontron, Ussel, et il a fait descendre hiérarchiquement Felletin, Evaux, La Souterraine, Le Dorat, St-Junien, St-Léonard et Uzerche dont la Révolution avait fait des chefs-lieux de district.

***

Quel que soit le genre de circonscription que nous ayons eu à considérer, le groupe des localités que nous ayons eu à déterminer, il y a un chef-lieu qui s'est représenté chaque fois à nous : c'est Limoges, tête du

(1) Voy. Etienne Baluze. *Histoire Tutelensis* (1717) — et René Fage, *Le vieux Tulle* (1888).

pagus romain, du comté mérovingien, du diocèse, de
la principale vicomté, de la sénéchaussée, de la généralité, du gouvernement militaire, du département, et
de leurs subdivisions. Limoges est donc le vrai centre
historique du Limousin et est resté tel, même après
l'avènement de Tulle et de Guéret au rang de capitales régionales. C'est vers Limoges que convergent
depuis plus de vingt siècles tous les intérêts généraux
de la province et que se traitent toutes les questions
d'utilité commune; c'est là qu'ont résidé tous les pouvoirs publics, qu'ont siégé plusieurs conciles métropo-
litains et un grand nombre d'états provinciaux; c'est
là enfin qu'est fixé depuis 1800 le chef-lieu des divers
pouvoirs (judiciaire, ecclésiastique, militaire et académique (1) qui ont la Haute-Vienne, la Creuse et la Corrèze dans leur ressort.

Limoges a donc rang de capitale provinciale, mais
capitale des plus modestes dans le passé. Pour mon-
ter au rang de Bordeaux ou de Toulouse, il lui a manqué et il lui manquera jusqu'à la fin trois choses essen-
tielles : un archevêché métropolitain, un parlement et
une université. Jusqu'au milieu du présent siècle, son
aspect général, sa superficie, son chiffre de population
n'ont jamais répondu à l'importance de son rôle. Son
point de départ, c'est la partie que nous appelons aujourd'hui le faubourg du Pont St-Martial. La rue basse
de ce faubourg, si on la prolongeait jusqu'aux arènes
du square d'Orsay, représenterait assez exactement
l'axe de la ville primitive, au premier siècle de notre
ère, alors que Limoges n'est encore guère plus qu'une

(1) Voy. ci-dessus page 70.

tête de pont. Un peu plus tard, les Romains bâtirent un temple en amont, sur la principale hauteur qui domine la Vienne ; autour de ce temple une ville s'éleva peu à peu, que les textes nomment la cité. Le temple païen fit place à une basilique chrétienne qui, dans son dernier état, s'appelle la cathédrale St-Etienne. A partir du IXe siècle une autre agglomération commença à quelque cent mètres des deux premières, autour du monastère de St-Martial et du donjon du vicomte : c'est celle qu'on appelle le château (1). Elle grandit si vite qu'au bout de trois siècles, lors de la construction d'une nouvelle enceinte (1182), le château dépassait de beaucoup en étendue et en population la cité de l'évêque. Il est représenté aujourd'hui par la partie de Limoges comprise dans le pourtour des grands boulevards (2).

C'est dans la ville-château que se sont développées les institutions consulaires et les industries artistiques qui ont fait dans le passé la réputation de Limoges. C'est là aussi qu'avaient lieu toutes ces entrées solennelles de rois, de princes, de hauts fonctionnaires dont il est si souvent question dans les annales locales.

Au XVe siècle, Limoges est encore une ville double, la cité et le château étant très nettement séparés et entourés, l'une et l'autre, de remparts crénelés. Au

---

(1) La distinction de la cité et du château a une très grande importance. Faute de l'avoir connue, de savants historiens étrangers, il est vrai, au Limousin, ont appliqué à l'une des deux villes ce qui ne pouvait convenir qu'à l'autre. Il y a traces de cette confusion dans le mémoire de M. Longnon, sur *Les limites de la France à l'époque de Jeanne d'Arc*, dans les notes de M. S. Luce à la *Chronique* de Froissart, dans celles de M. Duplès-Agier aux *Chroniques de St-Martial*. C'est notre devoir d'en avertir le lecteur.

(2) Voy. M. Ducourtieux, *Limoges d'après ses anciens plans* (1884).

dehors trois petits faubourgs : l'Entre-deux-villes, le Naveix (*navigium*) où s'amarrent les radeaux qui sillonnent la Vienne, le Pont-St-Martial considérablement réduit de longueur depuis le Ve siècle. A l'intérieur, un dédale de rues étroites et tortueuses, presque partout sans soleil et sans air, tel que nous voyons aujourd'hui le quartier des Combes ou le quartier Poulaillière, et même pis encore, car ces deux quartiers ont été rectifiés au XVIIe et au XVIIIe siècles; un sol inégal, encombré d'immondices, d'eaux stagnantes, voire de cimetières aux environs des églises; des maisons en bois recouvert d'un torchis, comme dans l'Abbessaille, étroites et noires, sans symétrie ni correction. De ci, de là, une maison de pierre avec arceaux, demeure de quelque marchand enrichi qui écrase de son faste les maisons voisines. Puis dominant le tout d'une hauteur imposante, la cathédrale et le donjon seigneurial, — comme le clergé et la noblesse dominent la société du temps, comme le pape et l'empereur dominent la chrétienté féodale.

Les édifices publics sont rares. La résidence du vicomte est une tour à machicoulis, environnée de hautes maisons qui ne lui laissent ni air ni espace. L'hôtel du consulat et les principaux monastères sont comme enfouis au centre de la ville et se distinguent à peine des autres maisons par des façades de pierre. Par exception le palais de l'évêque, qui s'élève à 35^m au dessus de la Vienne, a sur la campagne et sur le ciel les plus larges perspectives. Quant aux édifices religieux comme la cathédrale St-Etienne (1), la collégiale St-

(1) Voy, l'abbé Arbellot, *La Cathédrale de Limoges, histoire et description* (1883).

Martial, les églises paroissiales St-Pierre-du-Queyroix et St-Michel-des-Lions, ils émergeaient royalement de cet amas de taudis humains et proclamaient quelques-unes des préoccupations intimes de la foule qui grouillait en bas.

Tel était encore, à peu de chose près, l'aspect de Limoges quand Turgot s'avisa d'en abattre les murailles. Cependant le palais épiscopal avait été reconstruit au commencement du XVI° siècle, la chapelle du collège et une partie des bâtiments adjacents au commencement du XVII°, l'hôpital St-Gérald et le séminaire des Ordinands au milieu du même siècle. A Turgot on doit la reconstruction de l'hôtel de l'intendance (auj. la préfecture) 1759-62, de la façade principale du collège (auj. lycée Gay-Lussac) 1767-77, et de l'hôpital général 1766-70. En 1789 la superficie de la cité était de 12 hectares, celle de la ville ou château de 18 hectares, la population totale d'environ 16,000 habitants (plus 7,000 dans les faubourgs et la banlieue) (1). Au regard de quelques autres villes du royaume, Limoges méritait certainement alors très petite considération.

C'est seulement depuis 1830 que les grands travaux d'embellissement ont été commencés et les quartiers neufs construits : le champ de Juillet en 1831, le pont Louis-Philippe en 1832-36, le théâtre en 1836-40, le palais de justice en 1846, — puis, sous le second Empire, l'école de médecine en 1852, l'ancien marché Dupuytren en 1852, la caserne de la Visitation en

---

(1) Au total 23,000 âmes, chiffre démontré par les registres paroissiaux du temps. La *Statistique de la France*, dont nous avons parlé précédemment, donne sans preuves le total de 32,856 âmes.

1857-61, l'asile de Naugeat en 1857-64, l'hôtel de la division militaire en 1865-67, le quartier des Arènes en 1865-66, le petit collège en 1866, — enfin, sous la troisième République, les casernes de la Société immobilière, de Beaublanc et de Beaupuy, l'hôtel-de-ville en 1883, le pont de la Nation en 1886, les halles centrales en 1889, et les quatre dernières travées de la cathédrale commencée en 1273. Il est sensible aujourd'hui que Limoges tend à s'éloigner de son centre primitif et à se pousser en amont de la Vienne, dans la direction du Puy-Imbert et de La Bregère.

*
* *

Par voie de conséquence Limoges est, de très vieille date, le lieu de croisement des grandes routes de la province. Les premières chaussées romaines (celle de Lyon à Saintes, et celle de Bordeaux à Bourges) y passaient. Faute d'entretien, ces chaussées tombèrent bientôt en ruine, et il est vraisemblable qu'au VIIe siècle elles étaient presque partout impraticables. Pendant onze ou douze cents ans il n'y eut plus que des « chemins battus », franchissant monts et vaux au plus court, souvent coupés de bourbiers et de ravines, par conséquent plus accessibles aux mulets qu'aux voitures. Sur la fin du XVIIe siècle seulement, les intendants firent commencer la route de Paris à Toulouse par Bessines, Uzerche et Brive; celle de Bordeaux à Lyon par Châlus, Bourganeuf et Pontaumur ; celle de la Rochelle à Limoges par Chabanais; celle de Poitiers à Limoges par Bellac, et prirent encore Limoges pour point d'intersection. Soixante ans plus tard, Turgot faisait tracer la route de Limoges à Clermont par Eymoutiers et Bort, et celle de Bordeaux à Lyon par Brive et Tulle.

C'est seulement depuis la loi de 1833 que le Limousin a été sillonné en tous sens de routes commodes et régulièrement entretenues, par lesquelles les hommes et les idées ont pu, du dehors, atteindre Limoges sans obstacle et refluer de ce centre aux extrémités de la province. Avant même que ce réseau de routes fut achevé, celui des chemins de fer était commencé (1854) et devait contribuer plus encore à faire de Limoges le principal centre de tout le système routier de la région (1).

Ce réseau ferré, qui appartient tout entier au P.-O., est aujourd'hui à peu près terminé. Il comprend une section de la grande ligne Paris-Toulouse, qui au-dessous de Limoges se bifurque dans deux et prochainement dans trois directions différentes. Il comprend en outre la ligne de La Rochelle à Lyon par Angoulème, Limoges et Clermont; — celle de Bordeaux à Lyon par Périgueux, Limoges, Guéret et Montluçon, ou encore par Périgueux, Brive, Tulle, Ussel, Eygurande et Clermont; — celle de Bourges à Aurillac (non encore terminée) par Montluçon, la Combraille, Eygurande et Largnac; — celle de Poitiers à Gannat par Le Dorat, St-Sulpice-Laurière et Guéret (2).

Lès mailles de ce vaste filet ont quatre points d'attache principaux : St-Sulpice-Laurière au nord; Eygu-

---

(1) Voy. plus loin le chapitre XI.

(2) Pour la date de construction de chacune de ces lignes, voy. plus loin le chapitre XI.

rande à l'est, au delà du plateau de Millevaches; Brive au sud; enfin Limoges qui est le plus important, puisqu'on peut de là rayonner directement sur La Rochelle, Poitiers, Paris, Lyon, Toulouse, Agen et Bordeaux. Limoges a donc déjà, comme lieu de croisement des voies ferrées, presque autant d'importance que Lyon, Dijon, Tours. Le jour où il sera relié à Nantes et Brest par un service direct, à Nimes et Marseille par la construction du tronçon entre Rodez et Le Vigan, Limoges sera sans conteste le plus important nœud de chemins de fer entre Loire et Garonne.

SECONDE PARTIE

———

HISTOIRE GÉNÉRALE

———

VIII.

Des origines à la renaissance du IXe siècle : les Lémovices;
— le Limousin sous les Romains; — introduction du
christianisme; — période barbare; — évêques et gouverneurs; — ermitages et monastères; — germanisation du
Limousin au VIIIe siècle; — rattachement du Limousin à
divers royaumes successifs; — les comtes de Limoges du
VIe siècle au Xe siècle.

En décrivant le sol limousin sous toutes ses faces,
nous avons indiqué les conditions physiques et clima-
tériques dans lesquelles l'homme y a pu vivre.

En étudiant la répartition des principales localités,
nous avons constaté que la densité des lieux historiques
est plus grande au sud de la Vienne qu'au nord de
cette rivière, comme pour nous rappeler que la civili-

sation nous est venue du midi et qu'il faisait bon alors de se tourner de ce côté.

En montrant les divisions que les pouvoirs dirigeants ont tracées sur le territoire, nous avons prouvé en même temps que l'être social vit dans une dépendance étroite de certaines localités et que l'importance de celles-ci est presque partout en corrélation avec l'importance des intérêts qu'elles représentent.

Nous avons donc exposé déjà une bonne partie de notre histoire provinciale, et le lecteur attentif en connaît quelques traits essentiels. Mais cela ne saurait suffire. Quelle que soit sa parenté avec la nature, l'homme soutient d'autres rapports, soit avec ses semblables, soit avec ses maîtres, soit avec le monde invisible des idées, des sentiments et des croyances. C'est l'histoire de ces autres rapports qu'il nous reste à esquisser dans l'étroit tableau que nous avons adopté.

Qu'a donc fait l'homme en Limousin depuis trente siècles ?

Il y a d'abord vécu pendant longtemps d'une vie purement instinctive au point de vue physiologique, et fort rudimentaire au point de vue social. Chasseurs et pêcheurs, acharnés à détruire les fauves et à défricher les forêts, guerroyant vraisemblablement contre leurs voisins, les Lémovices, au moment où ils entrent dans l'histoire, étaient cependant arrivés à façonner les métaux, à tisser la laine de leurs troupeaux, à domestiquer le bœuf et le cheval. Ils obéissaient à des chefs élus et adoraient sous des noms divers les forces de la nature. Malheureusement pour nous, ils n'ont laissé d'autres traces que les débris d'armes et de poteries qui se retrouvent quelquefois dans le sol, des cromlechs, des dolmens, des menhirs disséminés un peu partout, et les ruines de quelques bourgades plus ou moins considérables. S'il est vrai qu'au premier siècle avant notre ère la Gaule ne comptait pas plus de 7,000,000 d'habitants, nous n'en pouvons attribuer au Limousin plus de 200,000.

La conquête romaine eut pour conséquence d'élever les Lémovices d'un degré dans la vie sociale. Le troisième siècle nous montre une société gallo-romaine déjà policée : Limoges possède non seulement des routes, des ponts, des aqueducs, des thermes, des marchés publics, mais encore des arènes, un théâtre, des temples, des écoles et tout une organisation municipale fort savante, partagée entre la curie et le sénat. Le Limousin est alors compris dans la grande Aquitaine (cap. Bourges); plus tard, à partir de la seconde moitié du IVe siècle, il fera partie de l'Aquitaine première (cap. Bourges).

C'est dans ce milieu, de croyances et de mœurs païennes, que saint Martial vint prêcher l'évangile du salut, aux environs de l'année 251, sans autres précurseurs que les marchands et les soldats chrétiens qui de Rome se répandaient par tout l'empire. A cette date commence donc la rénovation religieuse et morale de notre contrée. Mais il faudra douze ou treize siècles avant que le paganisme des idées ne disparaisse complètement des campagnes. Quant au paganisme des mœurs il a subsisté plus longtemps encore.

La décadence de l'empire romain au IVe siècle, sa chute au Ve, la disparition de toute autorité forte et active amenèrent pour le Limousin, comme pour la plupart des autres provinces de Gaule, une longue période de ténèbres et d'inaction. Dès le VIe siècle cependant, se manifestent en action les forces nouvelles qui vont s'emparer de la province et la faire entrer dans le moyen âge : les évêques du diocèse et nommément les deux Rorice ; les comtes ou gouverneurs militaires envoyés par les Francs neustriens après la conquête de 576 ; les anachorètes chrétiens qui, désertant les villes, se réfugient dans les lieux écartés pour y faire pénitence : saint Psalmet à Eymoutiers, saint Léonard à Noblat et bien d'autres. Ils y élèvent des huttes qui, en beaucoup d'endroits, sont devenues le centre de petites villes. Les foules accouraient en effet, parce que la prédication et l'aspect de ces hommes, violemment épris de sainteté morale et d'idéal religieux par horreur du monde païen qui les entourait, agissaient profondément sur des populations à la fois ignorantes et crédules.

La vie érémitique s'est prolongée assez tard en Limousin jusque vers le XIe siècle. Elle fut détrônée par la vie cénobitique qui apparaît également au VIe siècle. Par la mise en commun des forces individuelles, elle produisit presque dès l'origine de notables effets. Il semble bien que les premières abbayes aient été créées à Limoges même, sous l'impulsion de l'évêque : celles de St-Augustin, de St-Michel et de St-Paul datent peut-être du VIe siècle. Mais la vie publique ayant déjà passé des villes aux campagnes, ces premières abbayes urbaines n'exercèrent point l'action profonde des abbayes rurales qui s'élevèrent à Vigeois, St-Junien, St-Léonard, Ambazac et St-Yrieix vers la même époque, — à Solignac, Tulle et Le Dorat au VIIe siècle, — à St-Angel, Guéret, Moutier-Rauzeille au VIIIe siècle.

Le Vigeois dans la vallée de la Vézère, Solignac dans

la vallée de la Vienne, Guéret dans celle de la Creuse
paraissent avoir pris, de bonne heure, une réelle prépondérance qui fit de chacune d'elles, dans leurs con-
trées respectives, le principal refuge de toute vie morale et intellectuelle.

Les constitutions monastiques ayant remis le travail manuel en honneur, les moines s'occupèrent aussi
de cultiver la terre, de défricher les forêts, de bâtir des
églises, et l'on sait que Solignac eut, dès l'origine, des
ateliers d'orfèvrerie dont saint Eloi a été l'artiste le
plus connu. A cette époque reculée, l'abbaye de Solignac joue en Limousin le rôle dirigeant que prendra
St-Martial de Limoges dans la seconde moitié du IXe
siècle.

Les rares productions littéraires de ce temps portent
naturellement la marque de l'Eglise : ce sont des vies
de saints ou des épîtres traitant de matières théologi-
ques, comme celles de Rorice I, évêque de Limoges, †
vers 507. Deux de ses successeurs, saint Ferréol († 597)
et saint Félix (vers 650) étaient renommés par leur
science. Néanmoins l'ignorance est générale, et il n'est
peut-être point exagéré de dire que sur cent personnes
il y en avait bien, au VIIe siècle, quatre-vingts qui ne
savaient ni lire ni écrire.

Les invasions germaniques avaient contourné le Plateau central et effleuré seulement le Limousin, en sorte
que les traditions, les idées, les institutions munici-
pales de l'empire romain s'étaient mieux conservées
chez nous que dans beaucoup d'autres provinces de
Gaule. Si les Gascons représentent aujourd'hui la période ibérique de notre histoire nationale et les Bretons
la période celtique, on peut dire, ce nous semble, que

les Limousins (et leurs voisins les Auvergnats) représentent la période romaine, tout comme les Provençaux, mais dans des conditions différentes. Ces trois peuplades ont ainsi dans l'histoire de France la même signification que les Lettes, les Frisons et les Dithmarses dans l'histoire d'Allemagne.

L'avènement de la dynastie carolingienne modifia quelque peu cet état de choses, puisque Pépin rattacha en fait le Limousin au reste de l'empire germanique, en luttant victorieusement contre les ducs d'Aquitaine Waifre et Hunald (741 et ss.). Les comtes de Limoges du VIIᵉ siècle et de la première moitié du VIIIᵉ, avaient été les représentants d'un pouvoir qui résidait à Toulouse ; leurs successeurs, jusque vers la fin du IXᵉ siècle, seront les représentants des Francs austrasiens qui résident à Aix-la-Chapelle (1).

Voici d'ailleurs la succession des royaumes auxquels le Limousin a appartenu, au moins en droit :

De 419 à 507, à l'empire des Wisigoths (cap. Toulouse) ;

De 507 à 511, au royaume franc de Clovis (cap. Tournai) ;

Après le partage de 511, au premier royaume de Neustrie (cap. Soissons) ;

Après le partage de 567, au second royaume de Neustrie (cap. Soissons) ;

Après la mort de Chilpéric I en 584, au royaume

---

(1) Nous tenons de M. Max. Deloche que le Limousin est la province de France où se sont conservées le plus de chartes de l'époque carolingienne. A ce titre encore ses origines historiques méritent de fixer l'attention d'une façon toute particulière.

aquitain de Gondovald qui avait été proclamé à Brive ;

Après la mort de Gondovald 585, au royaume austrasien de Childebert II († 596) et peut-être à celui de son fils Théodebert II († 612) ;

De 612 à 631 . . . . ?

De 631 à 673, au premier royaume d'Aquitaine constitué par Dagobert (cap. Toulouse) ;

De 673 à 744, au premier duché d'Aquitaine (cap. Toulouse) ;

De 744 à 778, au royaume austrasien de Pépin le Bref et de Charlemagne (cap. Aix-la-Chapelle) ;

De 778 à 876, au second royaume d'Aquitaine (cap. Toulouse) ;

De 876 à 918, au comté de Toulouse possédé par le comte Eudes ;

En 918 au second duché d'Aquitaine (cap. Poitiers). Il y est resté depuis lors, au moins jusqu'à l'année 1204.

L'orientation politique a donc singulièrement varié pour le Limousin. De Toulouse à Aix-la-Chapelle la distance est grande. Entre ces deux points extrêmes le Limousin s'est fixé finalement sur Poitiers, sans que l'histoire puisse dire au juste par suite de quels événements.

La liste des comtes de Limoges institués par les rois francs ou les ducs d'Aquitaine a été jusqu'ici encombrée d'un grand nombre de noms douteux. M. R. de Lasteyrie (1) a prouvé qu'il n'y avait d'authentiques et de

---

(1) *Etude sur les comtes et vicomtes de Limoges antérieurs à l'an mil.* (1874).

certains que les suivants : Nonnichius † 582, Terentio-
lus † 586, Barontius 630 et 632, Lantarius 732, Roger
778, Ratier 839, Raymond 855 et 864, Bernard 864-
875, Eudes 875-918. Les trois derniers étaient en même
temps comtes de Toulouse.

IX.

Cet état de subordination féodale au Poitou fut bientôt compensé pour le Limousin par un accroissement
d'influence ecclésiastique, intellectuelle et morale. La
fondation du monastère de St-Martial et sa soumission
à la règle de Saint-Benoit, en 848, ne sont pas des faits
arbitraires, mais la conséquence de cette première rénovation catholique, de cette première renaissance intellectuelle qui caractérisent le règne de Charlemagne
et dont les moines de Saint-Benoit furent presque partout les instruments. Le tombeau de St-Martial a ainsi
plus fait pour les progrès du catholicisme dans notre
province que l'action de l'évêque et de son chapitre

cathédral, et il est rigoureusement vrai de dire que la nouvelle abbaye devint comme le centre religieux (nous ne disons pas ecclésiastique) du diocèse.

Il en devint aussi comme le séminaire intellectuel : c'est à St-Martial en effet que furent rédigées les premières chroniques locales, que furent recueillis les manuscrits de l'antiquité et que se perpétuèrent, mieux encore qu'à Uzerche et Le Dorat, les traditions de culture intellectuelle qui, dans les vallées du Plateau central, plus peut-être qu'ailleurs, avaient survécu au naufrage du monde ancien.

De cette première phase du moyen âge féodal datent quelques autres faits dont les conséquences se produiront bientôt :

La fondation des abbayes de Beaulieu (IXᵉ siècle), — d'Eymoutiers, d'Uzerche, d'Ahun (Xᵉ siècle), — de Lesterps; celle des prieurés de Bénévent, de Meymac, d'Aureil (XIᵉ siècle), — et de l'Artige (commencement du XIIᵉ siècle);

La formation de la fortune territoriale du clergé (IXᵉ-XIIᵉ siècles);

La sécularisation d'un certain nombre de monastères, c'est-à-dire leur transformation en chapitres de chanoines comme à St-Yrieix, Eymoutiers, St-Junien, Le Dorat, Moutier-Rauzeille (Xᵉ et XIᵉ siècles);

Les premiers actes de la papauté romaine dans le diocèse de Limoges (Xᵉ siècle);

L'organisation des paroisses rurales (XIᵉ siècle);

Les premières persécutions contre les juifs et les hérétiques (XIᵉ siècle);

L'établissement d'un entrepôt commercial à Limoges par des marchands italiens (fin du Xᵉ siècle);

Enfin, les plus anciennes productions littéraires en langue vulgaire comme le poème de Boèce (X° siècle), la traduction de l'évangile de Jean (XI° siècle), etc.

Dans cette rapide évocation de notre passé provincial, nous ne pouvons toucher que les sommets. Nous ne ferons même que nommer les conciles, qui sont pourtant les seules assemblées délibérantes que l'on connut alors. Ceux qui furent tenus à Limoges en 848, 1029, 1031 et 1182, à St-Léonard en 1290, eurent une influence considérable sur la société du temps. C'est le concile de 1031 qui introduisit chez nous la trève de Dieu, c'est-à-dire la suspension des guerres locales pendant trois jours par semaine. Le moyen âge en était arrivé à ce point d'anarchie et de violence que cette trève fut un incomparable bienfait.

La question de savoir si l'ignorance sans remède, la misère sans soulagement, la maladie sans secours sont le partage inévitable des classes inférieures de la société est, à proprement parler, toute la question sociale. Au moyen âge cette question n'existait pas, en ce sens que nul ne considérait comme une anomalie l'extrême opulence d'en haut et l'extrême dénuement d'en bas, la souveraineté de quelques-uns et le servage du plus grand nombre. Toutefois, à la lueur des préceptes de l'Evangile, l'Eglise entrevoyait l'iniquité de ce régime et s'efforçait d'y remédier quelque peu au nom de la charité chrétienne. Mais l'Eglise était elle-même une des colonnes de la société féodale; elle était la classe possédante et privilégiée entre toutes. L'intérêt fit trop souvent oublier le devoir, à tel point que les derniers serfs affranchis furent des serfs d'église. Aussi la lutte

7

contré l'ignorance, la misère et l'infirmité a-t-elle été dans notre province sans beaucoup d'efficacité, sauf pendant une courte période du XIIIe siècle. Il lui a manqué ce qui est aujourd'hui son grand ressort d'action : le sentiment de la justice sociale. Certes, à partir du XIIe siècle, les fondations d'hôpitaux et autres établissements de même genre se sont multipliées chez nous : on en compterait peut-être une centaine sur la vaste étendue du diocèse de Limoges, à la fin du moyen âge. Les confréries charitables apportèrent aussi leur concours à l'œuvre du soulagement des malades et des pauvres. Mais loin d'exister simultanément, la plupart de ces institutions n'ont eu, par le manque de ressources ou de bonne gestion, qu'une durée limitée, en sorte qu'à une époque déterminée, comme le XIIIe siècle par exemple, on ne trouve guère plus de quarante hôpitaux co-existants. Ce chiffre donne en moyenne un hôpital pour 22 paroisses, en un temps où la misère était beaucoup plus étendue qu'aujourd'hui. Encore la plupart de ces hôpitaux ne possédaient-ils que quelques lits dans lesquels on entassait, le cas échéant, jusqu'à trois et quatre malades.

En ce qui touche les écoles du peuple, on constate alors en Limousin les mêmes résultats incomplets. A partir du XIe ou du XIIe siècle, partout où il y a une collégiale, un prieuré, une communauté de prêtres (c'est-à-dire en réalité dans la plupart des paroisses), on ouvre une école latine pour la préparation des futurs clercs et de ceux qui se destinent aux offices de plume. Mais sauf dans les villes, on instruit habituellement l'enfant du peuple, non pour lui-même, mais pour l'Eglise. Les effets n'en furent pas moins considérables jusqu'à la fin du XIVᵉ siècle, où une subite décadence emporta les écoles ecclésiastiques sans qu'il se trouva rien pour les remplacer.

⁎

Quoiqu'il en soit, la suprématie de l'Eglise au moyen âge, son action dirigeante dans les deux grands services que nous appelons l'assistance et l'instruction publiques, étaient autrement profitables au bien général que le patronage exercé par la féodalité militaire. L'histoire de celle-ci est du reste mal connue à ses débuts, et c'est à peine si l'on peut établir rigoureusement la succession des vicomtes de Limoges antérieurement à l'an mil : Aldebert fut vicomte de 876 à 884, Hildegaire de 884 à 940 environ, Foucher en 948, Adémar de Ségur en 963, Géraud de 970 environ à 988, Guy I de 988 à 1025. Ce sont les lointains ancêtres de la haute noblesse du Limousin.

Des autres féodaux de notre province, nous ne parlerons que pour constater un fait négatif. Les chefs des sept grands fiefs laïques que nous connaissons (Rochechouart, Bridiers, Marche, Aubusson, Combraille, Comborn, Turenne) (1) restèrent gens de « petite pœste », et qui, rendant hommage au comte de Poitiers, n'eurent jamais une existence indépendante. D'ailleurs la puissance de l'argent leur manqua toujours. Même l'évêque de Limoges, en qui la féodalité et l'église s'unissaient pour créer une situation prépondérante, était

_____

(1) Voy. ci-dessus, pages 31 et ss.

pauvre seigneur comparé à d'autres prélats. Aussi, pas un de nos seigneurs limousins ne réussit à égaler par ses actes, même de loin, les puissants barons des frontières de France, non pas même quand les comtes de la Marche eurent entraîné l'Angoumois dans leur orbite, ou que les vicomtes de Limoges eurent acquis le Périgord.

Quant aux villes de bourgeoisie, il n'y a que Limoges-cité, St-Léonard, St-Junien et Limoges-château (c'est-à-dire quatre localités des bords de la Vienne, les trois premières dans la dépendance immédiate de l'évêque) qui aient réussi, dès la fin du XIIᵉ siècle, à fonder leurs libertés communales, à la faveur des ducs anglais de Guyenne devenus par politique les patrons des revendications du Tiers-État (1). Brive, Aubusson, Chénerailles, Ahun, entrèrent bientôt dans la même voie et nous voyons Brive conclure, en 1263, un traité d'alliance pour dix ans avec Figeac, Sarlat et Périgueux, aux fins de maintenir la paix publique et de défendre en commun leurs privilèges. En 1241, deux petites localités de la vicomté de Turenne, Beaulieu et Martel, avaient passé un traité analogue.

Les vissicitudes politiques du Limousin pendant le moyen âge féodal ont besoin d'être précisées mieux qu'on ne l'a fait jusqu'ici.

A partir de 918, nous le savons déjà, notre province fit partie de ce second duché d'Aquitaine (cap. Poitiers), qui, en 1154, passa aux mains des rois d'Angle-

---

(1(Voy. Achille Leymarie : *Histoire du Limousin : la Bourgeoisie* (1846, 2 vol.).

terre. En 1204-1206, Philippe-Auguste ayant confisqué le Poitou, le Limousin suivit (y compris la vicomté de Turenne), et porta dès lors ses hommages féodaux directement au roi de France comme comte de Poitou. Lorsqu'en 1241 Louis IX donna le Poitou en apanage à son frère Alphonse, il en sépara le Limousin. De même, lorsqu'en 1259, au traité de Paris, il rendit au duc anglais de Guyenne (cap. Bordeaux) le domaine utile du Limousin, il en retint pour lui la suzeraineté féodale. Philippe le Bel suivit sans doute cet exemple quand, en 1311, il donna le Poitou et le Limousin en apanage à son second fils Philippe le Long. Mais cette suzeraineté fut un moment perdue pour la royauté française, quand, par le traité de Brétigny (1360), le duc de Guyenne fit ériger son fief en souveraineté indépendante, comprenant le Poitou, la Saintonge, le Quercy, le Limousin, etc, mais non la Marche. La suzeraineté anglaise dura pour nous jusqu'en 1370-71, époque à laquelle Charles V la ressaisit pour toujours, sauf en ce qui touchait quelques places de la frontière méridionale.

Mais à cette dernière date, par la sécession politique de la Marche et de la Combraille, et par la formation des enclaves poitevines de Bourganeuf, de Bridiers et bientôt de Rochechouart, le Limousin féodal n'était plus représenté que par quatre grands vassaux : les vicomtes de Limoges, de Turenne, de Ventadour et l'évêque de Limoges.

La réunion de notre province à la grande patrie française eut une autre conséquence : l'institution dans le Limousin et la Marche de sénéchaux du roi au lieu et place des sénéchaux anglais. C'est la seconde

forme de la prise de possession du sol par la royauté
capétienne. La troisième consista bientôt à concéder
aux villes des sauvegardes royales, à obtenir de
l'évêque et des chapitres qu'ils partageassent leur droit
de suzeraineté avec le roi, à ériger ces bailliages de
Limoges, Brive, Uzerche et Laront que nous avons
signalés dans la première partie de notre travail (1) :
enfin, à convoquer aux Etats généraux les représentants des trois ordres de la province, comme cela eut
lieu dès 1302.

Nous ne saurions nous appesantir ici sur les évènements politiques ou militaires dont le Limousin a été
le théâtre au moyen âge, car ces évènements ne lui
appartiennent pas toujours en propre. A la fin du VIIIe
siècle, il a vu la lutte du nord contre le midi, et, au
siècle suivant, les invasions normandes dévaster son
sol. Il a connu, au XIe et au XIIe siècles, l'enthousiasme
des croisades ; mais il a passé à trois reprises sous la
domination anglaise (1154-1204, 1259-1286, 1360-1371).
Les ravages des Brabançons (1182-86), les sièges de
Tulle (1346), et de Limoges-cité (1370), sont même
restés aussi fameux dans notre histoire que les luttes
de la noblesse contre les communes et la royauté au
XIIIe et au XIV[o] siècles (2).

. .

Après la lueur du IIIe siècle, après celles du VI[o] et
du IX[o] siècles, une autre brille sur le Limousin vers

---

(1) Voy. ci-dessus, pages 52 et ss.

(2) La plupart de ces épisodes, d'autres encore, ont fait l'objet des
Récits de l'Histoire du Limousin (1885).

le milieu du XIIᵉ siècle, plus longue, plus intense,
plus féconde surtout que les précédentes. La phase
historique qui commence alors semble avoir son
point de départ dans l'ébranlement moral causé par
les croisades. Elle ne s'annonce toutefois qu'au bout de
quelques années par l'introduction de nouveaux ordres
monastiques, (grandmontains, cisterciens ou bernar-
dins, religieuses de Fontevraud), et par la fondation de
nombreuses abbayes. Grandmont, Beuil, Le Palais,
Les Alloix, Boubon, dans la vallée de la Vienne, —
Aubazine, Coyroux, La Valette, Bonnaigue, Bonnesaigne, Dalon, en bas Limousin ou sur la lisière, — Bonlieu, La Colombe, Prébenoit, Aubepierre, Blessac, dans
le comté de Marche ou dans la vicomté d'Aubusson
sont nés presque tous dans la seconde moitié du XIIᵒ
siècle, sans compter la foule des petits prieurés secondaires. Ces nouveaux venus furent encore renforcés
par quelques autres aux XIIIᵉ et XIVᵉ siècles : Dominicains à Limoges, Brive et St-Junien ; Chartreux à
Mortemart et Glandiers ; Cordeliers à Limoges, Brive,
St-Junien, Nontron et Boisféru ; Carmes à Limoges et
Mortemart ; Célestins aux Ternes ; Augustins à Limoges
et Mortemart, — sans oublier les chanoines qui se formèrent en collégiales à la Chapelle-Taillefer (1303) et
à St-Germain (1384), de telle sorte qu'à la fin du XIVᵉ
siècle, les diocèses de Limoges et Tulle comptaient
déjà neuf chapitres : St-Etienne de Limoges, Eymoutiers, St-Junien, Moutier-Rauzeille, Chapelle-Taillefer,
Le Dorat, St-Yrieix, St-Germain et St-Martin de Tulle.

Mais toutes les particularités que nous venons de
relever se retrouvent dans l'histoire de la plupart des

provinces de France. Elles offrent à peine l'intérêt de celles que le Limousin du milieu du XII° siècle nous réservait à d'autres égards. Après avoir, trois ou quatre siècles durant, vécu sur le fond antique toujours plus modifié, et parlé une langue assez différente déjà du latin, la terre limousine donne alors naissance à quelques chevaliers pauvres et illettrés, qui se mettent à chanter, dans un langage méprisé des clercs, des sentiments et des passions intenses. Pour être ceux de l'homme de tous les temps, leurs chants n'empruntaient cependant rien à l'antiquité. Ces poètes de parler populaire et d'inspiration spontanée sont bien connus aujourd'hui. Ils s'appelaient Bertran de Born, Bernard de Ventadour, Giraud de Borneil, Jaucem Faidit, Gui d'Ussel. A la différence de leurs confrères du Nord, ils restaient assez indifférents aux exploits de Pépin ou même à ceux de l'empereur magne, dont ils n'avaient guère entendu parler dans leurs hautes terrasses. Pourtant l'inspiration épique ne leur était point étrangère puisqu'un des leurs, le chevalier Grégoire Béchade de Lastours, a composé un long poème sur la première croisade (vers 1130). Le Midi a une autre œuvre du même genre : la chanson de la croisade albigeoise. La fureur guerrière contre le mécréant est en effet un des sentiments propres au midi de la France du moyen âge, mais sentiment passager et peut-être superficiel. Les troubadours limousins en ont eu de plus profonds et de plus durables : la joie de vivre, l'amour de la femme, la haine de l'étranger représenté par l'Anglais. C'est sur ces trois thèmes qu'ils brodèrent tous leurs chants.

Le Limousin a ainsi donné à la France méridionale

une partie de la littérature épique, pour laquelle elle
n'était point faite, — et les premiers accents de cette
poésie lyrique qu'elle devait porter si haut. Chose bien
curieuse, il lui a donné autre chose encore qui est,
comme l'épopée, l'apanage presque exclusif de la
France du nord : les chroniqueurs et les annalistes.
Le lecteur sait sûrement combien grande a été l'activité historiographique des monastères de Flandre, de
Normandie, de Champagne et de Bourgogne du XIIᵉ
au XVᵉ siècle. Il sait moins, peut-être, que les provinces
de langue d'oc sont restées à peu près étrangères à ce
genre de production. Il y a bien eu à St-Victor de Marseille, à Toulouse et même en Gascogne, des moines
pour rédiger la chronique de leur temps et transmet-
tre à la postérité le récit de ce qu'ils avaient appris.
Mais quels pâles imitateurs des conteurs du nord ! Le
génie narratif (bien qu'on le retrouve à un haut degré
dans le monde musulman), fait défaut aux Languedo-
ciens comme aux Provençaux, aux Gascons comme
aux Aquitains. Le Limousin a l'honneur de corriger
en faveur du Midi, ce qu'a d'absolu ce jugement. Il a
produit, de la fin du Xᵉ siècle au commencement du
XIVᵉ, des chroniqueurs dont les noms sont en grande
estime auprès des médiévistes : Adhémar de Chabannes
et Bernard Itier, Geoffroy de Vigeois et Bernard Gui,
Pierre Coral et Étienne Maleu. Le premier foyer de
cette lumière, ce fut l'abbaye St-Martial de Limoges,
plus tard celles de St-Martin et de Ste-Marie. Il y en
eut d'autres en dehors même de Limoges : à Grandmont et à Vigeois, à St-Junien et à Uzerche, peut-être
même au Dorat et à Beaulieu. L'abondance de leurs
informations est même telle qu'on ne saurait, sans les

consulter, écrire l'histoire de l'une quelconque des provinces de la Guyenne proprement dite.

A côté de cette littérature savante, une autre s'est développée, d'inspiration et de tendances différentes : la littérature des mystères bibliques et des légendes pieuses, où la réalité et le merveilleux, le sentiment et l'imagination se sont mêlés dans des proportions inégales. Du trésor de cette poésie de la foi religieuse, née dans les couvents et souvent perpétuée par la liturgie de l'Eglise, peu de joyaux se sont conservés sous la forme qu'ils reçurent alors, et la tradition littéraire est aujourd'hui appauvrie d'une foule de productions dont la grâce et la naïveté ont charmé le moyen âge. En voici une cependant, chaste et grave, que nous allons redire.

Deux jeunes époux du diocèse de Poitiers se rendaient, un jour du XIIIe siècle, en pèlerinage à St-Jacques de Compostelle pour accomplir un vœu. Chemin faisant, la jeune femme mourut à Limoges. Lui, solitaire, continua son voyage, s'acquitta de son vœu, puis se hâta de revenir à Limoges pour pleurer sur la tombe de celle qu'il avait tant aimée. Il y mourut de douleur. Lorsqu'on voulut l'inhumer près de sa compagne, elle, qui l'attendait, se serra contre la paroi et lui fit place dans son tombeau, comme pour le convier à reposer ensemble jusqu'à la résurrection des morts. — Le XIIIe siècle a cru à cette histoire; un artiste du temps l'a même sculptée dans la pierre. C'est le monument connu sous le nom de *Bon mariage*.

On a remarqué que chacun de nos grands histo-

riens philosophes a expliqué d'une façon différente la
politique et l'histoire : Guizot par l'idée du vrai,
Tocqueville par l'idée du juste, Thierry par l'idée de
force. Ce sont là évidemment des conceptions incom-
plètes, et ce ne serait pas trop de tenir compte de ces
trois facteurs pour expliquer la marche de la civilisation. Cette trinité serait même insuffisante : il lui faut
adjoindre un quatrième élément, dont l'exclusion lais-
serait sans explication la plus grande partie de l'histoire de France. Ce quatrième élément, on peut le
définir : l'effort que soutient l'homme pour s'approprier
et tourner à son usage les dons des trois règnes de la
nature ; en termes moins pompeux, l'activité industrielle, agricole et commerciale. On nous accordera que
cet effort vaut la peine d'être pris en considération,
non-seulement eu égard aux résultats qu'il donne,
mais encore en raison du nombre et de la condition
sociale de ceux qui le soutiennent. En lui se résume
aux trois quarts l'obscure et laborieuse existence du
Tiers-état.

En Limousin, cet effort s'est manifesté avec une
certaine ampleur et avec une longue ténacité. Il n'a
emprunté, il est vrai, à chacun des règnes de la
nature, qu'une faible partie de leurs dons. Il n'a point
réussi à faire produire à un sol granitique, sans profondeur et sans fécondité, la luxuriante végétation des
terres de Normandie ou de Flandre. Loin de tout
fleuve navigable, le Limousin n'a point bénéficié du
transit de ces grandes voies commerciales du moyen
âge, et Limoges n'est jamais devenu, même au point
de jonction des routes de Lyon-La Rochelle et de
Paris-Toulouse, qu'un entrepôt de troisième ordre.

Mais l'industrie des habitants a su donner au travail des métaux et des tissus un développement remarquable et un cachet artistique qui n'est point à dédaigner.

Plusieurs publications ont mis nouvellement en lumière la valeur de l'orfévrerie et de l'émaillerie limousines du moyen âge. On semble même admettre aujourd'hui comme hors de conteste que l'école des bords de la Vienne a précédé l'école du Rhin, en tous cas qu'elle ne doit rien à celle-ci. C'est donc de lui-même, de son propre fonds, sans autre impulsion initiale que la pratique ancienne du monnayage et le génie artistique de saint Eloi, que le Limousin a fondé, dès le XIIe siècle, sa réputation de province industrieuse.

En effet, ce n'était point à Limoges seulement qu'on savait travailler les métaux précieux. Il y avait des ateliers d'orfèvres en Bas-Limousin ; il y en avait dans les abbayes de Grandmont et de Solignac. Leurs produits s'exportaient par toute la chrétienté. On les retrouve aujourd'hui dans le trésor de beaucoup d'églises et ils font l'ornement de plus d'un musée en France et à l'étranger.

D'où vient donc qu'une province ainsi douée n'ait point constitué, au temps de l'architecture romane, une école vraiment originale et qu'elle ait emprunté ses décorations sculpturales à l'église de Moissac en Quercy, le style de ses clochers à l'église de Brantôme en Périgord ?

On a répondu à cette question que le granit, rebelle au ciseau, avait dû décourager de bonne heure les ornemanistes limousins. L'explication est plausible.

Mais la pierre de grand appareil peut toujours être ramenée au style général que conçoit un architecte. Or, de style limousin, il n'y en a jamais eu pour les églises de notre région (1). L'esprit d'invention ne s'est donné carrière que dans les œuvres de petite dimension : autels, tombeaux, châsses, reliquaires et autres édicules d'orfèvrerie (2).

Ce que nous avons dit des pièces d'orfèvrerie limousine peut s'appliquer aux tissus à longues raies, souvent brochés d'or et d'argent, qui, sous le nom de *lemotgiatures*, ont eu, dès le XIIIe siècle, un surprenant débit par toute l'Europe civilisée. Dans leur dernier état, ces étoffes s'étalent encore aujourd'hui sur le dos des rouliers et s'appellent couramment des *limousines*, bien qu'elles se fabriquent partout ailleurs qu'en Limousin.

Est-il besoin de démontrer maintenant que cette activité industrielle a eu pour conséquence l'échange commercial, et que l'échange commercial, en faisant affluer l'argent dans la province, a pu modifier les conditions d'existence de la bourgeoisie, autant au moins, mais autrement que les influences féodales et ecclésiastiques ?

Nous avons nommé les troubadours et les chroni-

---

(1) Voy. au chapitre VII le relevé des monuments historiques (églises seulement) de l'ancien Limousin.

(2) Voy. l'abbé Texier, *Essai historique et descriptif sur les émailleurs et les argentiers de Limoges* (1843), — MM. Louis Guibert et Jules Tixier, *L'Art rétrospectif à l'exposition de Limoges* (1887), — Jules Tixier, *Les Monuments historiques du centre de la France* (1887).

queurs, les émailleurs et les « texiers ». Non moins
dignes de souvenir sont les hommes d'action, les pas-
teurs de peuples que le Limousin produisit en si grand
nombre au XIVe siècle. Comme chefs de diocèses, abbés
de monastères, membres du sacré collège ou successeurs de Benoit XII, ils semblent vouloir étendre partout le renom de leur province d'origine. Ce que les
érudits connaissent seuls aujourd'hui était alors un
fait de notoriété publique contre lequel on protesta
bientôt ouvertement en reprochant aux clercs limousins
une ambition enragée (*rabies lemovica*), en les accu-
sant même de vouloir confisquer indéfiniment à leur
profit la chaire de Saint-Pierre. Leur triomphe, ce fut
la cour d'Avignon sous Clément VI, Innocent VI et
Grégoire XI, tous trois sortis du Bas-Limousin, les
deux derniers portés au trône pontifical comme sur
les épaules de leurs compatriotes, qui, grâce à la
faveur de Clément VI, avaient pris par leur nombre la
direction du conclave. Autant nous que d'autres, se
dirent ces Limousins en robe rouge. Et par deux fois
ils jetèrent sur l'un des leurs la robe blanche du souverain pontificat.

Le Limousin a donc eu, au moyen âge, une individualité propre qui mériterait d'être relevée dans une
histoire comparée des provinces de la grande Aquitaine. Aux environs de l'année 1340 il pouvait compter 6 à 700,000 habitants et formait comme une oasis
de sources vives et de gaie verdure sur la longue route
de Paris à Toulouse. Il devait ce privilège à l'intégrité
à peu près absolue de son passé historique, dans la
mesure que nous avons spécifiée, et surtout à l'esprit
d'initiative que l'autonomie politique et l'esprit muni-

cipal développaient si énergiquement chez les hommes
de l'âge féodal. Bien qu'ecclésiastique par la forme,
il était tout laïque par le fond, car ni les chants des
troubadours, ni les récits des chroniqueurs, ni les œuvres des orfèvres et des « texiers » n'avaient pour condition indispensable le moule ecclésiastique. C'est seulement par ses saints, ses hommes d'action et ses nombreuses confréries de charité ou de dévotion, c'est-à-
dire, en somme, par les côtés les moins originaux de
son histoire, que le Limousin peut-être proposé comme
l'un des meilleurs types provinciaux créés par l'Eglise
du moyen âge.

Pour trouver dans la région intermédiaire, entre la
France du nord et celle du midi, d'autres villes de
même relief que Limoges, le voyageur devait s'écarter
un peu de sa route et choisir entre Poitiers, résidence
des ducs de la Guyenne française, — Bourges, l'antique métropole de l'Aquitaine et encore de tous les
évêchés du Plateau central, — ou Clermont, la ville
des juristes et des souvenirs littéraires. Chacune de
ces quatre villes, assez semblables à leur naissance,
avait donc une maturité différente. Mais tandis que
Poitiers, Bourges et Clermont ont conservé sous l'ancien régime une réelle importance d'opinion, Limoges
a perdu la sienne et ne l'a point encore tout-à-fait re-
couvrée. Avant d'expliquer cette anomalie, il faut tacher
de nous rendre compte des causes particulières qui ont,
à cette époque, porté si haut le Limousin. C'est en
somme le plus intéressant problème historique que
nous puissions aborder.

Ce problème comporte deux cas qu'il faut nécessairement disjoindre : celui des troubadours et celui des
dignitaires ecclésiastiques.

Le premier est certainement le plus difficile. Pour
la première fois en Europe depuis l'antiquité, une
poésie vraie s'épanouit spontanément au cœur de
l'homme, dans une langue nouvelle, compréhensible à
tout le monde ; il se trouve des poëtes pour chanter,
des châtelains pour écouter. La raison première, celle
qui tient à la disposition cérébrale des uns et des autres, nous échappe. Quant aux conditions du milieu
géographique et historique, qui sont comme les causes
secondes, elles ne ressortent pas avec évidence. Les
contrastes que nous établirons plus loin (1) entre la
région de la Creuse et celle de la Corrèze, sont presque
tous à l'avantage de la seconde, mais ne lui assignent
pas une supériorité marquée sur d'autres provinces.
Nous admettrons cependant par induction que le charme du paysage bas-limousin a pu contribuer à l'éveil
de la poésie autant que les souvenirs d'Orient où les
chevaliers limousins avaient fait si bonne figure, autant
que l'influence prise par la femme, depuis longtemps
déjà, dans la vie sociale du Midi. Encore fallait-il
quelque chose de plus : un état de paix publique qui
permit à l'homme de goûter tous ces biens. Il semble
que cet autre bien lui ait été également donné. Il est

_____

(1) Voy. la fin du chapitre X.

connu que les conciles de Bourges et de Limoges, ténus en 1031, furent les vrais fauteurs de la trêve de Dieu. Il est aussi connu de notre lecteur que les féodaux limousins n'ont jamais beaucoup guerroyé entre eux. L'ardeur dont ils firent montre à la première croisade prouve que leur humeur belliqueuse avait eu jusque-là rarement issue. Tout particulièrement les vicomtés de Ventadour et de Comborn, fermées au nord par le plateau de Millevaches, à l'est et au sud par la Dordogne, protégées à l'ouest par les vicomtés-sœurs de Turenne et de Limoges, ont dû connaître une paix plus profonde qu'ailleurs, jusqu'au moment où les querelles d'Henri I et de ses fils ensanglantèrent le Limousin et provoquèrent l'inspiration guerrière de Bertran de Born.

Mais troubadours et châtelains étaient pour la plupart gens illettrés. A supposer même qu'ils eussent fréquenté les écoles monastiques, c'est le latin qu'ils y eussent appris, non le parler vulgaire. Pour s'expliquer l'état de la langue parlée à ce moment du XII° siècle, la facilité avec laquelle les troubadours la versifient, les ressources d'expression qu'ils en tirent, il faut nécessairement admettre que l'usage en était plus ancien dans ce coin de la France méridionale qu'ailleurs, c'est-à-dire que le latin s'y était plus tôt qu'ailleurs transformé en roman, par suite de son plus grand éloignement du centre d'origine.

Qu'avec le milieu du XII° siècle ait aussi commencé pour le Limousin, d'une façon plus large encore, une période de progrès intellectuel et moral, cela ressort clairement des nombreuses fondations de monastères,

8

à dates certaines, que nous avons indiquées tout à l'heure. La coïncidence ne saurait être fortuite.

Venons au second cas, celui de la foule des dignitaires ecclésiastiques (1).

Il s'explique plus aisément, car il ne présente pas le caractère de spontanéité que nous avons relevé plus haut. Depuis que la hiérarchie catholique est constituée, elle a recruté ses chefs en tous temps et en tous lieux, grâce à la continuité des vocations ecclésiastiques. Si au XIII° siècle le Limousin donne à l'Eglise de France une quinzaine d'évêques (parmi lesquels figurent déjà un Rochechouart et deux de Cros), la proportion n'a rien d'anormal. Mais il en donne une quarantaine au XIV° et 24 ou 25 au XV° siècle, qui appartiennent presque tous à l'une des six familles suivantes : celles de Rochechouart, de Cros, de Pompadour, d'Aubusson, de Chanac et de Comborn-Ventadour. Ces prélats sortaient donc des plus hautes familles féodales, ce qui n'était certes point d'une petite avance pour leur

_____

(1) L'abbé Roy-Pierrefitte prétend avoir retrouvé trente-huit cardinaux, onze patriarches, cinquante-six archevêques et deux cent quatre-vingt-seize évêques d'origine limousine, se répartissant sur toute l'étendue du moyen-âge et de l'ancien régime. Ces chiffres ont été souvent reproduits, et en dernier lieu par nous, dans l'introduction à notre *Histoire de la Réforme en Limousin.* En les vérifiant aujourd'hui, nous les trouvons de beaucoup exagérés, au moins en ce qui touche les évêques. M. Roy-Pierrefitte ne semble pas avoir vu qu'un même évêque avait souvent occupé deux et trois sièges différents. Il ne semble pas davantage avoir compris qu'un même prélat ne pouvait figurer à la fois dans la catégorie des évêques, des archevêques et des cardinaux, sous peine d'arriver à un total de noms qui surpasserait de beaucoup celui des personnages.

carrière. Mais la plupart d'entre eux ne seraient sans doute pas montés si haut dans la hiérarchie ecclésiastique, si trois de leurs compatriotes n'étaient arrivés à la papauté. Ces trois élus élevèrent à leur tour vingt-deux limousins à la pourpre cardinalice. Encouragés par ce favoritisme, le goût et l'ambition des hautes dignités se répandirent rapidement en Limousin et se perpétuèrent jusqu'à la fin du XVI° siècle dans la famille de Pompadour, jusqu'à la fin du XVIII° siècle dans celles de Rochechouart et d'Aubusson, après avoir passé au XV° dans les familles de Bonneval et des Cars, au XVI° dans celles de Noailles et de Selve, au XVII° dans celle de Cosnac.

Néanmoins, la naissance ne suffisait point pour arriver aux sommets de la hiérarchie catholique, la faveur non plus. Il y fallait aussi la supériorité de l'instruction et de l'intelligence. Il importe donc de savoir s'il y avait alors en Limousin des écoles de haut enseignement. La question se pose tout particulièrement à propos des prélats de notre province antérieurs à Clément VI, qui durent leur rang sans doute moins à la faveur qu'à leur mérite, comme le cardinal de la Chapelle-Taillefer † 1312, Raynaud de la Porte † 1325, le cardinal Pierre de Mortemart † 1335, etc. Ces écoles existaient en effet avec les monastères des Dominicains de Limoges, de Brive et de St-Junien, qui s'occupaient tout spécialement de théologie. Celle de Limoges compta même Bernard Gui au nombre de ses maîtres. Les jeunes clercs, doués d'ambition, trouvaient donc dans leur province un enseignement qui les acheminait à celui de l'université, sans lequel nul n'eut pu songer à s'élever au-dessus du premier degré de la prêtrise. Certes, nous ne pouvons prouver que les prélats limousins de la cour d'Avignon aient passé par les écoles des Dominicains : l'érudition locale est trop peu avancée pour faire cette démonstration. Mais il suffit, pour fonder la présomption, de montrer que ces écoles existaient en Limousin.

En laissant de côté les troubadours, dont l'inspiration générale resta toujours en dehors de l'esprit de l'Eglise, la civilisation du moyen âge se présente extérieurement à nous, dès son origine, avec un caractère ecclésiastique très prononcé, qui se retrouve dans les principales manifestations de l'activité intellectuelle et artistique. Il est vrai que la théologie a tué la philosophie, que la religion a tourné en superstition, que la dialectique a dégénéré en scolastique, que la littérature est sans art et le droit sans principes rationnels, que l'historiographie n'est encore qu'annalistique, que l'étude de la nature mène à l'astrologie, à l'alchimie et à la magie, autrement dit qu'une fausse conception du monde, l'ignorance de la méthode, la méconnaissance des lois de l'esprit humain et de la nature retardent les conséquences que l'on pouvait attendre du zèle de ce temps pour les choses de l'esprit. Il n'en subsiste pas moins que le moyen âge féodal, au moins de 1150 à 1340, fut, en dépit même de sa misère sociale, le temps de la plus grande vigueur morale du Limousin, le temps où il a tenu le plus de place dans la civilisation générale de la France (1). Le contraste qu'offrent les siècles suivants le prouvera mieux encore.

_____

(1) Après nouvel examen, nous reprenons ici les termes mêmes dont nous nous sommes servi dans notre *Histoire de la Réforme en Limousin*, p. XXII de l'Introduction.

X

De l'apogée du XIVe siècle à la Révolution : conséquences
de l'influence exercée sur le Limousin par la papauté
d'Avignon; — échec de la réforme catholique du XVe siècle; — avènement définitif du Tiers-Etat; — *nouveau*
mouvement communal; — états provinciaux au XVe siècle;
 = relèvement du Limousin pendant la seconde moitié du
XVe siècle; — renaissance littéraire et artistique du XVIe
siècle; — réforme protestante; — efforts de la société
pour se laïciser; — centralisation monarchique; — le
Tiers-état prisonnier du roi; — émigration de la noblesse
à la cour du roi; = esprit rétrograde des premières années
du XVIIe siècle; — nouveaux ordres monastiques; —
hommes marquants; — l'œuvre religieuse du XVIIe siècle; — assistance et enseignement; — nouvelle décadence
des ordres monastiques à la fin du XVIIe siècle; = profond
marasme de la première moitié du XVIIIe siècle; — les
intendants de la généralité; — le fonctionarisme; — résurrection du Limousin sous Turgot; — les réformes de
Turgot; — les évêques philosophes; — réveil des études
historiques; — les doléances de 1789; — la génération
limousine d'avant la Révolution; — principaux évènements
politiques en Limousin sous l'ancien régime; = les influences du Midi et celles du Nord; — contrastes entre la
région de la Corrèze et celle de la Creuse.

Comment, des hauteurs fécondes du XIVe siècle, le
Limousin descendit-il intellectuellement aux stériles
vallées du XVe, jusqu'à mériter le surnom de Béotie
française, jusqu'à devenir la risée des autres provinces

et la terre privilégiée où Villon, Marot, Rabelais, Bernard Palissy, Hotman, Molière, Turgot, Collin d'Harleville et Voltaire allèrent prendre les types de toute sottise et de toute niaiserie ?

La première cause, nous l'avons touchée en rappelant à quel point les clercs limousins firent foule pendant trois quarts de siècle à la cour d'Avignon et profitèrent de ses faveurs. Il en résulta un véritable drainage des meilleurs éléments vitaux de notre province, plus profond, plus rapide surtout qu'ailleurs. Ce curieux phénomène, dont nul n'avait jusqu'ici signalé les fâcheuses conséquences, doit être considéré comme l'évènement capital de notre histoire provinciale, celui qui la partage en deux périodes bien tranchées : l'une très brillante, du IXᵉ siècle au milieu du XIVᵉ; l'autre presque incolore, qui a duré jusque vers 1830, malgré quelques reprises de vie que nous constaterons au XVIᵉ siècle et à la fin du XVIIIᵉ. Les talents de second ordre, les esprits de seconde portée qui permirent à Bourges et à Poitiers de fonder des universités au cours du XVᵉ siècle, à Clermont de continuer les traditions littéraires de son passé, furent dès lors perdus pour nous. Le Limousin n'était plus assez grand ni assez riche pour les ambitions éveillées. Les fils du peuple doués de quelque esprit allèrent étudier dans ces collèges de St-Michel (1338) (1), de St-Martial (1319) ou de Ste-Catherine (2) (1379), que Guillaume de Chanac, Innocent VI et Pierre de Monteruc avaient fondés pour eux

_____

(1) Appelé aussi collège de Chanac, il appartint ensuite à la maison de Pompadour, qui le réorganisa en 1530.

(2) Appelé aussi collège de Pampelune.

non pas à Limoges, mais à Paris et à Toulouse. Les fils des hautes familles féodales, à qui étaient réservées par tradition les hautes dignités d'Eglise, allèrent étudier dans les universités et se firent pourvoir au dehors. Ainsi privé de ses meilleures têtes, le clergé limousin s'abandonna insensiblement à des habitudes d'oisiveté que les misères de la guerre de Cent ans contribuèrent à entretenir et à développer. Aussi, plus de chroniqueurs, plus de théologiens, plus d'artistes en Limousin, pendant 150 ans. Or, à une époque où la société était organisée ecclésiastiquement, aucune montée de sève ne pouvait aboutir qu'à la condition de passer par le canal de l'Eglise. Pour les hommes voués à une profession libérale, il n'y avait point alors d'autre milieu possible que celui des clercs, point d'autre abri protecteur que celui des monastères. L'un et l'autre manquèrent en même temps à notre Limousin.

Certes, les nouveaux statuts ecclésiastiques édictés sous l'influence des conciles de Constance et de Bâle, les nombreuses fondations pieuses de ce temps, l'institution de chapitres de chanoines à Crocq (1444) (1), à Turenne (1459), à Ussel (1452), à Pompadour (1503), — ces deux derniers disparurent au bout de quelques années, — la réorganisation des communautés de prêtres séculiers qui eut lieu à la même époque, tout cela mérite considération. C'est un essai de réforme avant celle du XVIᵉ siècle. Mais il échoue misérablement au milieu des luttes sanglantes que les compétiteurs à l'épiscopat soutinrent entre eux pendant près d'un siècle à Limoges ou à Tulle.

---

(1) Crocq ressortissait au diocèse de Clermont, comme nous l'avons déjà dit.

En parlant de décadence, nous n'avons visé que la vie intellectuelle et morale du Limousin, car il y a, à cette même époque, pour les villes sinon pour les campagnes, une phase de prospérité matérielle que troublent à peine les désastres de la guerre de Cent ans, les ravages des routiers et des écorcheurs (1380-1438), ni même la dure famine de 1375 où l'ont vit un malheureux se repaître de chair humaine. Les effets que nous allons constater désormais n'ont eu en aucune façon la spontanéité, la vigueur ni la durée de ceux du moyen âge ecclésiastique. Ils n'en ont point eu non plus la large influence extérieure, et l'histoire générale de la France pourra s'écrire sans qu'on en tienne beaucoup compte. Ils n'en méritent pas moins de fixer notre attention.

C'est du Tiers-état que vint la poussée. Les villes de Felletin, St-Yrieix, Guéret, Eymoutiers, Bourganeuf, Tulle, d'aire restreinte et de population peu dense, étaient entrées tard dans le mouvement communal (1300 et ss.). Le plein épanouissement de leurs libertés n'eut lieu qu'à la fin du XIVe siècle ou au commencement du siècle suivant, cette fois sous l'égide du roi de France dont la tutelle s'introduit victorieusement chez nous en 1371, juste à l'époque où celle du clergé devient défaillante. Elle se légitima à l'origine et longtemps encore par ses bienfaits, le Limousin gagnant de toutes manières à passer du régime féodal en décadence sous le régime royal en progrès.

A partir de ce moment, il est clair que la bourgeoisie va prendre le devant de la scène, et que les consuls de Limoges vont pouvoir donner la mesure de leur capacité. Bientôt même, les Etats provinciaux de la

Marche, ceux du haut Limousin et du bas Limousin, grâce aux faveurs intéressées du roi de Bourges, vivent leur plus belle histoire. A peine saisissables pour l'historien avant Charles VI, de plus en plus rares après Charles VII, ils nous présentent, de 1421 à 1451 environ, une période d'éclat et d'indépendance qui eut certainement son contre-coup sur le développement des libertés communales en Limousin et plus particulièrement dans la Marche (1).

De la fin du XIVᵉ siècle aussi datent les premiers registres de famille, les premières chroniques laïques et,. ce qui n'est pas moins significatif, beaucoup d'affranchissements de serfs. Si les paysans restent encore partout les grands « peinards » de la société féodale, si leur vie demeure obscure au point que, durant des siècles encore, l'histoire se taira presque entièrement sur ceux qui étaient pourtant le grand nombre, il est manifeste cependant qu'un changement se prépare dans leur condition sociale et que le XVIᵉ siècle, grâce au développement du travail agricole, leur sera plus clément.

Ce fut bien mieux quand la guerre contre les Anglais eut pris fin. Sous l'énergique impulsion de Louis XI, les seigneurs firent avec vigueur la police de leurs domaines : quarante années de dure justice, de répressions impitoyables et de pendaisons sommaires rame-

---

(1) Voy. sur ce sujet M. Antoine Thomas, *Les Etats provinciaux de la France centrale sous Charles VII* (1879, 2 vol.).

nèrent un peu de sécurité dans les campagnes. « Par
le fer et par la corde, » telle semble être la devise de
quelques féodaux de ce temps, et il faut avouer qu'il
n'y en avait point de plus efficace pour quiconque
entendait policer les mœurs et discipliner la rude
société issue du moyen âge. Partout on se remit à
construire les monastères dévastés, les églises abat-
tues, les châteaux rasés. Le paysan reprit sa bêche, le
compagnon son outil, le marchand ses transactions,
l'oisif ses plaisirs. A la fin du siècle, il est sensible
pour l'historien qu'une ère nouvelle se prépare pour
notre province.

La poésie se réveille en effet au XVI° siècle, mais
alors sous un vêtement nouveau. Pour la quatrième
fois, les Limousins changent de langue, si tant est que
le provençal et le français soient autre chose que des
prolongements du latin. Les brillantes draperies du
dialecte d'oc sont décidément abandonnées et c'est
dans le parler français que sont habillés les vers
d'Eustorge de Beaulieu, de Jean Dorat, de Roland
Bétoland, de Joachim Blanchon, célèbres en leur
temps, connus aujourd'hui des seuls curieux.

Ce changement de langue est un fait qui mérite
attention, bien qu'il n'affecte que les classes élevées
de la population. Les premiers actes officiels rédigés en
français par les pouvoirs locaux sont d'ailleurs plus
vieux encore : de la seconde moitié du XIV° siècle. Or,
depuis 1323, les Jeux Floraux s'efforçaient de faire
revivre la gaie science des troubadours, morte depuis
la croisade albigeoise. Si les Limousins, fort nombreux
à Toulouse, n'ont jamais participé à ces luttes littéraires, ne serait-ce pas que déjà ils préféraient la « parlure

de France » à celle de leurs aïeux ? — Avec la poésie, l'humanisme a aussi ses représentants en Limousin par le même Jean Dorat, qui enseignera plus tard le grec au Collège de France, par Siméon Duboys qui édite à Limoges les *Lettres de Cicéron à Atticus,* pendant que Jean de Lavaud ouvre la série des historiographes limousins, Nicolas Caillet, celle des juristes marchois, Jean Fayen, celle des géographes, David et Chabodie, celle des médecins théoriciens.

Mais c'est surtout la renaissance artistique qui s'affirme chez nous par l'initiative de l'évêque Jean de Langeac, grâce à des artistes de talent comme Léonard Limosin, grâce surtout aux familles de peintres-émailleurs qui renouvellent à Limoges les traditions du XIII° siècle (1) ; aux industriels d'Aubusson qui rivalisent avec ceux de Flandre pour la fabrication des tapis de haute lisse ; aux Berton (1495) et aux Barbou (1568) qui fondent leur réputation d'imprimeurs en se contentant de faire bon plutôt que beau.

Le Limousin eut même un instant, aux entours de 1580, une vraie cour seigneuriale au chef-lieu de la vicomté de Turenne. Le vicomte Henri (le père du maréchal) avait une suite de trente-cinq gentilshommes et de vingt-quatre pages entretenus à ses frais. Il aimait à réunir autour de lui des philosophes, des théologiens, des érudits, à converser avec eux, à discuter en commun les problèmes du moment. Tout cela ne servit guère : Turenne était trop petit foyer

(1) Voy.. M. Louis Bourdery, *Les émaux peints à l'exposition de Limoges,* 1888.

pour absorber tant de rayons. Ils se dispersèrent de bonne heure.

Il n'est pas jusqu'à la réforme calviniste qui n'ait eu son contre-coup en Limousin et n'ait réussi à fonder une quinzaine d'églises : Confolens, Le Dorat, Châteauneuf, Limoges, Aubusson, Eymoutiers, St-Yrieix, Rochechouart, Treignac, Uzerche, Argentat, Turenne, Beaulieu, sans compter treize églises de fief et une vingtaine d'annexes. Pour modestes qu'ils soient, ces résultats suffisent à prouver que notre province a été traversée par tous les grands courants de ce temps.

Sous la terrible commotion religieuse du XVIe siècle, le clergé se réveille de son long sommeil, mais affaibli, énervé, désorienté pendant longtemps, par conséquent incapable de reprendre même sur le domaine intellectuel la prépotence qu'il avait exercée trois siècles auparavant. Il lui faut maintenant partager avec les laïques le droit de fonder des collèges (1), le mérite de gérer les hôpitaux, la gloire de réformer l'Eglise et jusqu'à la charge d'écrire l'histoire provinciale. Aussi les hauts projets, les hardies initiatives, les grands travaux d'érudition et de théologie qui ont été l'honneur de la plupart des diocèses de France au XVIe et au XVIIe siècles, ont manqué à celui du Limousin. Quand, par hasard, une lumière naissait dans ce crépuscule, elle disparaissait bientôt pour aller briller ailleurs. A preuve Jacques Merlin, Jean de Maumont,

---

(1) Nommément à Limoges, Tulle, Brive, Fellotin et Rochechouart, où les Consuls eurent la part principale dans la fondation des collèges. Voy. plus loin pour les dates antérieures au XVIIe siècle.

Jean Dorat, Marc-Antoine Muret, Joachim du Chaslard et bien d'autres.

Cette nouvelle « envie de vivre » que le Limousin manifeste de tant de manières au XVIe siècle, s'éteignit vite. L'activité intellectuelle et économique a déjà reflué pour des siècles aux extrémités de la France. Et puis, si la cour d'Avignon n'existe plus, si Toulouse attire moins qu'autrefois, il y a désormais un autre centre d'attraction qui, pour être moins puissant que le premier, sera à la longue aussi stérilisant parce qu'il va exercer son action pendant près de trois cents ans sans discontinuer : c'est la cour des Valois et de leurs successeurs.

Dès le milieu du XVe siècle, le roi de France, le protecteur d'autrefois, est devenu un maître exigeant, qui retire aux Etats provinciaux le vote de l'impôt, intervient dans l'élection des consuls des villes, réduit leurs attributions, vise en un mot à diminuer les libertés locales, même les plus inoffensives, au profit de son absolutisme. Le Tiers-état trouve ainsi une limite qui deviendra toujours plus étroite à son antique besoin d'activité et de *self-government*. A d'autres égards encore, le Limousin ne semble pas tout d'abord devoir gagner beaucoup à l'immixtion de la royauté dans ses affaires. Soumis en 1456 et 1459 aux grands jours de Bordeaux (1), rattaché en 1462 à son parlement, puis, dès le règne de François I, à la généralité et au gouvernement de Guyenne (cap. Bordeaux), il

_____

(1) C'est par le traité de Paris, de 1259, que commence ce rattachement du Limousin à Bordeaux comme capitale de la Guyenne.

est maintenu pendant un demi-siècle dans une subordination qui le détache tout à fait du Plateau central
et en fait une province de troisième rang. Cette humi-
liation prit fin cependant par l'établissement à Limoges,
au milieu du XVI⁰ siècle, d'un présidial, d'une généralité de finances et d'un gouvernement militaire.
Mais s'il monte hiérarchiquement au second rang,
le Limousin n'en est que plus dans la dépendance du
roi, dont l'action gouvernementale se fait énergiquement sentir par chacune de ces nouvelles institutions.
L'Etat moderne commence à cette date, et sa puissance
se révèle déjà par l'esprit d'organisation qu'il porte
partout : dans la vie sociale par la constitution des
registres paroissiaux (ce que nous appelons aujourd'hui
l'état-civil), 1539 ; dans la production agricole par
l'établissement de nombreuses foires et d'une maîtrise
des eaux et forêts à Aubusson (transférée plus tard à
Guéret) vers 1551 ; dans les relations commerciales
par l'institution de bourses consulaires à Limoges
(1565) et à Felletin (1567) (1).

Le Tiers-état est dès lors prisonnier de la royauté.
Le Clergé aussi, par ce célèbre concordat de 1516, qui
donne au souverain la disposition de tous les bénéfices.
Quant à la Noblesse, elle est matée d'une autre manière.
L'établissement de sénéchaussées royales à Tulle, Brive,
Uzerche, Bellac, Le Dorat, Guéret, substitue définitivement partout la justice du roi à celle des seigneurs
qui ne conservent plus guère, sauf de rares exceptions,
que des attributions de police. Mais l'action royale se

---

(1) Celle de Tulle ne remonte qu'à 1710.

manifeste autrement encore. François Ier vient de donner à la cour un éclat inconnu, en y conviant les grands seigneurs et les plus nobles dames de son royaume, les érudits, les littérateurs, les artistes. Comment résister à cet appel quand aucun autre devoir ne vous sollicite? Comment hésiter à entrer par une porte si large ouverte, quand on est jeune, ardent, et qu'on a une réserve d'activité à dépenser? Vraiment, la royauté a beau jeu pour domestiquer la noblesse.

Les premiers qui, chez nous, subirent cette fascination ne furent pas les plus puissants seigneurs, mais au contraire les plus pauvres, ceux dont le fief ne comprenait que quelques châtellenies. La vie de château n'avait, en effet, pour eux aucune des compensations que réservait aux vicomtes de Turenne ou de Rochechouart, l'exercice d'une autorité étendue. Plus de cours d'amour à suivre, plus d'exploits chevaleresques à accomplir, plus de hautes juridictions à exercer. Comment ces simples gentilhommes auraient-ils hésité à secouer le mortel ennui qui pesait sur eux? La royauté s'était comme rapprochée d'eux pendant ces lamentables années où le successeur de Philippe VI et de Charles V dut transporter à Bourges et à Poitiers son conseil et son parlement. Ils l'aimèrent, cette royauté, d'abord pour ses malheurs, puis, la victoire revenue, pour ses bienfaits. Antoine d'Aubusson, châtelain de Bellegarde en Combraille (communément appelé le Petit Treignac) est au nombre des mignons de Charles VII, Elie de Pompadour au nombre de ses ambassadeurs, Jean de Reilhac au nombre de ses généraux de finances. Bientôt, à la suite de Charles VIII, les seigneurs limousins goûtèrent le charme plus qu'humain de la vie de cour. Ils se sentirent gagnés, et, sans plus de regrets pour leur fief d'origine, ils l'abandonnèrent et devinrent les suivants du roi de France. Les De Selve, les St-Aulaire, les Ventadour, les Noailles, les Pompadour, commencèrent vers cette époque la carrière de cour qui, au siècle suivant, porta quelques-uns d'entre eux aux plus hauts emplois. Qui le croirait? L'esprit des Mortemart passa bientôt en proverbe. Le succès de ces familles limousines auprès de la royauté fut singulièrement avancé, détail piquant, par l'adresse de leurs « gentilles damoiselles ». Eléonore d'Autriche comptait déjà mainte Limousine dans son fameux escadron volant, et ce n'étaient point, paraît-il, les moins accortes que Charlotte de Maumont, Louise de Pompadour, Marie de Peyrusse des Cars, Antoinette de Châteauneuf, et bien d'autres.

Voilà donc les Limousins en passe de reconquérir leur renom d'antan. Oui, mais ce n'est plus en Limousin, c'est à cent lieues de la province d'origine. Et le pauvre peuple, qui entend quelquefois parler de ses seigneurs devenus les courtisans du roi, le bourgeois qui les voit parader dans toutes les « entrées » qui se font à Limoges, ne retirent aucun profit direct, aucun bienfait sensible de leur influence ni de leur faste.

Le menu fretin des gentilhommes limousins avait, le premier, su trouver la bonne porte. Les plus empanachés suivirent, au bout d'un demi-siècle : les d'Aubusson, les Rochechouart, les Turenne, et, par d'autres raisons, le plus empanaché de tous : le vicomte de Limoges, roi de Navarre et prince de Bourbon, qui, du Limousin, n'avait d'ailleurs que la terre. Quand Henri IV monta sur le trône, notre province avait déjà perdu la fleur de sa gentilhommerie, comme elle avait perdu aussi les plus illustres de ses enfants. De toute la végétation intellectuelle du XVIᵉ siècle il ne resta, en Limousin, que les pousses de seconde force.

L'histoire que nous racontons est aussi, nul ne l'ignore, celle de la plupart des provinces de France, la Bretagne, l'Alsace et la Lorraine exceptées. Mais aucune ne souffrit de la centralisation royale autant que le Limousin, parce qu'aucune n'avait à se relever d'aussi bas et n'était aussi mortellement frappée dans sa classe dirigeante, noblesse ou clergé.

**

Aussi le premier tiers du XVIIᵉ siècle fut-il chez nous étrangement timoré et rétrograde. Tout confit en dévotion, tout occupé d'ostensions de reliques et de processions de pénitents, ne croyant pouvoir assez expier les « nouveautés » du XVIᵉ siècle, il se jeta dans les bras de l'Eglise. Les jésuites purent donc sans trop de peine faire entrer dans leurs cadres, j'entends les collèges de Limoges et de Tulle, les trois quarts de la population scolaire de la province et étendre sur elle le niveau de la doctrine d'obéir et de non-penser. On brûla les livres protestants, on détruisit les gravures mythologiques, on restaura la littérature édifiante des vies de saints et des récits de miracles. Bref, on se reprit à croire très fermement, comme au moyen âge, à l'immutabilité de toutes choses, à la victoire définitive de l'esprit catholique et de la royauté de droit divin.

Pourtant cette société du XVIIᵉ siècle eut bientôt un

9

mérite que nous n'aurons garde de lui dénier : celui
d'agir profondément et efficacement. Elle avait trouvé
presque immédiatement ses chefs dans Bardon de
Brun, Maledent de Savignac, François de Lafayette,
évèque de Limoges, Gourdon de Genouillac, évèque de
Tulle, — et de dévoués instruments dans les confréries de péniténts (1598 et ss.), plus tard dans les com-
pagnons du Saint-Sacrement et dans une vingtaine
d'ordres monastiques nouveaux qui plantèrent leurs
maisons dans toutes les villes un peu considérables :
les Jésuites à Limoges (1), Tulle, Beaulieu et, au XVIIIe
siècle à Guéret, les Récollets à Limoges, St-Léonard,
St-Junien, Ussel, St-Yrieix, Argentat, Brive, Aubusson,
Guéret, Confolens, Le Dorat et Tulle ; les Ursulines à
Limoges, Eymoutiers, Ussel, Tulle, Brive, Beaulieu et
Argentat. Ces trois ordres étaient les plus répandus et
les plus influents. Mais il y en avait d'autres encore :
des Doctrinaires à Brive et Bellac, des Capucins à Turenne, des Oratoriens à Limoges, des Filles de Sainte-
Claire à Limoges, Nontron, Argentat, St-Yrieix, Brive
et Tulle, — sans compter ceux qui arrivèrent dans la
seconde moitié du XVIIe siècle ou au commencement
du siècle suivant (2).

Avec ces auxiliaires dévoués on obtint socialement
des effets considérables et nous n'avons point hésité
ailleurs à montrer, entre les années 1660 et 1680, une
période d'ordre moral telle qu'on n'en avait point vu
en Limousin depuis le XIIIe siècle. Tout cela est pour

---

(1) Nous nommons les villes selon l'ordre d'installation de chaque
couvent.

(2) Voy. Pierre Laforest, *Limoges au XVIIe siècle* (1862).

nous histoire acquise. Il n'en est pas moins certain que la moyenne de l'esprit public resta toujours au-dessous de la médiocrité. Toute la vie intellectuelle du Limousin, à cette époque, se résume en quelques noms, qui sont restés sans notoriété hors de la province : Barthélemy Jabely, Antoine et Pierre Bourgeois, Joseph Boucheul, pour l'étude du droit coutumier ; Pierre de Razès, Jean Bandel, Pierre Robert, Jean Collin, Bonaventure de St-Amable pour l'historiographie ; Daniel de Barthe, Henri de Roffignac, François de Fagnon, Hilaire Nauche, Victorin Tarnaud, Léonard Fénis pour la controverse religieuse. C'est qu'en effet, comme au siècle précédent, les fortes têtes émigrent à Paris : Pierre de Besse, qui excita comme prédicateur de la cour une admiration que nous ne pouvons partager aujourd'hui ; le Jésuite Jean Adam, que ses contemporains estimèrent à la fois comme poète, prédicateur, polémiste, historien et professeur ; le chanoine Jean de Cordes, dont la bibliothèque est devenue le noyau de la Mazarine ; Etienne Baluze, qui fut en correspondance avec tous les savants de l'Europe, — et leur influence fut nulle sur leurs compatriotes limousins (1).

En somme, le grand œuvre du XVIIe siècle a été de restaurer le catholicisme dans les institutions, dans les croyances et dans les mœurs. Ce but est nettement conçu et clairement exprimé dans le concile métropolitain qui fut tenu à Bourges en 1584, et c'est dans cette dernière partie du XVIe siècle qu'il faut chercher

---

(1) C'est à dessein que nous ne mentionnons pas le chancelier d'Aguesseau. Il est né à Limoges par rencontre, tout comme M. le président Carnot.

les racines de toutes les réformes, de toutes les fondations que nous avons signalées tout à l'heure. Mais la
gestation fut longue : elle n'était pas encore à terme
quand éclata la terrible peste de 1630-31. Bon nombre
de membres du clergé séculier, les curés de St-Pierre-
du-Queyroix, de St-Michel-des-Lions, de St-Maurice en
la Cité, s'empressèrent de quitter Limoges. L'évêque
même, François de Lafayette se réfugia à Eymoutiers,
et ne rentra qu'au bout d'un an dans sa ville épiscopale. Cette défaillance passagère (qui ne fut point partagée par les ordres religieux), laisse deviner que la
réforme morale du clergé séculier n'était pas encore
achevée et explique comment, en dépit des efforts de la
première heure, les décrets du concile de Trente ne
purent être totalement appliqués dans notre province
que dans la seconde moitié du XVIIᵉ siècle.

C'est alors seulement que l'influence du clergé attei-
gnit son plus haut point. Elle s'exerça sur les classes
populaires, c'est-à-dire sur la plus grande partie de la
population, par les écoles et les hôpitaux, mais dans des
conditions assez nouvelles qu'il importe de préciser.

Tentée au XVIᵉ siècle, la grande réforme du régime
hospitalier n'eut lieu en Limousin qu'au milieu du
XVIIᵉ siècle, grâce à Maledent de Savignac, sous l'action de cette ordonnance royale de 1656 qui prescrivait
pour chaque grande ville la réunion en un seul établissement de tous les petits hôpitaux existants, et attri-
buait à l'Etat un droit de co-direction dans chaque
« hôpital général ». Malheureusement Limoges fut la
seule ville où s'introduisit une sensible amélioration et
une réelle extension des services hospitaliers. Tulle,

Guéret, Brive, Le Dorat, Bellac, Beaulieu, Bénévent, Magnac, St-Yrieix, Eymoutiers, suivirent de loin, aidés par des communautés de religieuses hospitalières inconnues avant le XVIIe siècle. Mais les campagnes restèrent aussi deshéritées que par le passé. — La situation n'a guère changé depuis lors.

Quant aux écoles populaires, tombées à la fin du XIVe siècle presque partout, elles reparurent au XVIe sous le nom de « petites écoles », avec des visées plus larges et des préoccupations assez différentes. On s'inquiéta moins de faire des clercs, on s'appliqua davantage à faire des catholiques; on offrit même pour la première fois aux jeunes filles du peuple le bienfait de l'instruction primaire, et l'innovation parut grave.

Toutefois, c'est seulement à la fin du XVIIe siècle qu'une ordonnance épiscopale, répondant aux pieux désirs du roi pour la conversion des protestants et l'éducation des nouvelles catholiques, aida vraiment chez nous à la diffusion de l'instruction élémentaire, sans aboutir cependant aux surprenants résultats qui se constatent, à la même époque, dans le nord de la France. D'ailleurs les méthodes restaient routinières, les programmes rudimentaires, l'éducation des facultés nulle. Comme nous le verrons plus loin, il n'y a progrès sensible en Limousin sur ce domaine que depuis 1830.

Par contre, les collèges d'enseignement secondaire se multiplièrent rapidement (1). Celui de Limoges fondé par les consuls en 1525, réorganisé vers 1570, fut définitivement constitué sous la direction des Jésuites en

_____

(1) Les dates que nous donnons rectifient souvent celles qui ont été adoptées jusqu'ici,

1598 et posséda au bout d'un siècle jusqu'à 1,500 élèves. Celui de Tulle, fondé également par les consuls
avant 1567 et dirigé à partir de 1580 par le célèbre
Philippe Hervé, passa aussi aux mains des Jésuites vers
1625 et compta jusqu'à 600 élèves. Celui de Brive, projeté dès 1552 par le corps consulaire, définitivement
fondé en 1581, fut confié en 1607 aux Dominicains,
puis bientôt aux Doctrinaires (1620) et connut aussi la
prospérité. Il y en eut d'autres encore que nous ne
pouvons que nommer : Felletin projeté en 1589, fondé
vers 1596; Rochechouart, fondé en 1596; Ussel en
1644, Mortemart vers 1635, Bellac en 1648, St-Junien
vers 1650, Treignac vers 1662, Magnac-Laval, l'un des
plus prospères de la région, en 1661; Beaulieu vers 1670,
Le Dorat vers 1682 (1). Au dessous de ces collèges de
plein exercice, on eut de petits séminaires : celui de
Ventadour projeté en 1585, fondé en 1617; ceux de la
Marque et de Cublac à Brive ouverts en 1647 et 1667 ;
celui d'Egletons vers 1650, ceux du Dorat en 1650, de
Magnac-Laval en 1661 et de Guéret en 1699. Mais quatre d'entre eux se transformèrent bientôt en collèges
ou disparurent. — Enfin, au-dessus de ces collèges et
représentant en quelque sorte l'enseignement supérieur, on eut le collège des Jacobins de Limoges (av.
1650) et celui des récollets de Guéret (1699), puis deux
séminaires d'ordinands à Limoges (1661) et à Tulle
(1697). Cet ensemble se complétait par le collège de la

_____

(1) Au XVIII° siècle seulement se fondèrent les collèges de Guéret (1710),
de la Courtine (vers 1746) et d'Eymoutiers (vers 1778). — Ceux de Limoges
et Brive tentèrent, mais vainement, de se faire attribuer les privilèges
d'universités.

Marche (1536) et le collège Mignon ou de Grandmont
(1584), établis tous deux à Paris pour les étudiants de
notre province.

Malgré tout, le XVII° siècle se clôt aux environs de
l'année 1680. La mort spirituelle ressaisit alors les
ordres religieux d'hommes. Non seulement la règle
monastique est peu à peu abandonnée, mais souvent
même les cellules sont désertées ou demeurent vacantes,
tant et si bien que, pour sauver le temporel et servir
les obits, il ne reste plus d'autre ressource à l'autorité
diocésaine que d'. « unir » les bénéfices tombés à ceux
qui demeurent debout. Le XVIII° siècle a vu en Limousin une multitude d'unions de ce genre et elles ont
contribué à l'extinction du monachisme bien avant
que Choiseul et Loménie de Brienne lui eussent porté
le coup fatal par la suppression des Jésuites, des Célestins, des Clunistes et des Grandmontains.

Le monachisme ascétique s'est éteint d'une autre
manière encore, par la sécularisation de bon nombre
d'abbayes et leur transformation en chapitres de chanoines : St-Martial en 1535-38, Brive en 1610, St-Léonard en 1691, Uzerche en 1745 (1).

Avant de descendre au tombeau les ordres religieux
jetèrent cependant une dernière flamme, grâce surtout
aux communautés de femmes. Les sœurs de la Croix,
de saint Alexis, de saint Vincent de Paul, de saint Do-
minique, de Lusignan, de Nevers, d'autres encore

---

(1) Si l'on ajoute à ces quatre noms le chapitre de Noailles (fondé en
1557) et les huit chapitres que nous avons mentionnés page 103, on aura
les 13 chapitres du diocèse de Limoges en 1789.

avaient fondé dans les diocèses de Limoges et de Tulle
de nombreux établissements d'instruction et s'étaient
répandues dans plusieurs petits hôpitaux de campagne.
Leur zèle se soutint jusque vers 1740.

*
* *

A l'activité multiple du XVIIe siècle succéda le profond marasme de la première moitié du XVIIIe. Tout
est mort en Limousin pendant cette période. Plus de
vie publique : les états provinciaux ont pris fin (sauf
dans la vicomté de Turenne) depuis quatre-vingts ans;
plus de vie municipale : la royauté a enlevé aux consuls jusqu'aux attributions de police; plus de vie intellectuelle : les érudits qu'avait connus l'âge précédent
à Limoges, à Tulle et à Guéret, n'ont point de successeurs; plus de vie intérieure : on suit les habitudes
transmises par la génération précédente, rien de plus.
Et quand le Père Bridaine parcourut notre province,
aux environs de 1711, il put se convaincre que toute
son éloquence ne suffisait point à ressusciter Lazare au
tombeau.

C'est Turgot, intendant du Limousin entre 1761 et
1774, qui eut l'incomparable honneur de ce miracle, en
infusant un sang nouveau dans ce corps décrépit, mais
reposé et capable par conséquent de nouveaux efforts.
Pour comprendre la possibilité de son œuvre no-
vatrice, il est indispensable d'expliquer le rôle et le
pouvoir d'un intendant de généralité.

Au XVIIe siècle, le premier magistrat de la province
dans l'ordre des préséances, c'est l'évêque diocésain,

puis le gouverneur militaire comme représentant plus
particulièrement la noblesse. Après eux vient l'intendant qui est censé la tête du Tiers-état. L'intendant
avait fait sa première apparition dans la généralité en
1587, sous le nom de « commissaire départi », mais ne
résidait réellement que depuis 1635, tantôt à Limoges,
tantôt à Brive, le plus souvent à Angoulême. Sous
Louis XIV, c'est lui qui a le plus d'attributions et qui
est en somme le principal représentant du pouvoir
central (car le gouverneur ne réside plus), et tout spécialement le représentant du secrétaire d'Etat des affaires étrangères dans la circonscription duquel se trouvait la généralité de Limoges en vertu de la bizarre
organisation qui, au lieu de répartir les services, ré-
partissait les provinces entre chacun des quatre grands
ministères de ce temps. Les attributions de l'intendant,
bien qu'elles s'étendissent plus ou moins à toutes choses, même à certaines affaires ecclésiastiques, étaient
avant tout d'ordre financier, domanial et administratif, et allèrent se développant toujours. La seule parti-
cularité qu'il soit intéressant de relever ici, c'est que
ces représentants du pouvoir central furent les instruments d'une importante évolution administrative et
économique en dressant les premières statistiques générales de 1688 et 1698, en favorisant l'introduction de
la « grande industrie » à Limoges vers 1735, en sur-
veillant l'établissement d'un cadastre dans chaque paroisse à partir de 1710 et surtout en se faisant assis-
ter, à dater de 1720 environ, d'un ingénieur des ponts
et chaussées et plus tard de trois sous-ingénieurs qui
résidaient à Angoulême pour la rivière de Charente, à
Brive pour les rivières du bas Limousin, à Eymoutiers

pour celle de Vienne. Cette organisation du premier service technique alla se développant toujours plus et avec elle le fonctionarisme qui jusque là ne trouvait carrière que dans les offices de finance et de judicature. La remarque se complète par cette autre, que le fonctionarisme se développe chez nous juste à l'époque où le monachisme disparaît.

Parmi les prédécesseurs de Turgot, il n'y a qu'un petit nombre de noms à retenir : Nicolas de Corberon (1640-48), Bochard de Champigny (1654-58), Claude Pellot (1658-64), Henri d'Aguesseau (1665-69), Louis de Bernage (1694 et ss.) puis, au XVIIIᵉ siècle, Boucher d'Orsay, Aubert de Tourny, Barberie de St-Contest, Pajot de Marcheval. Mais, quelle qu'ait été la médiocrité professionnelle de la plupart de ces hauts fonctionnaires, ils n'en réussirent pas moins à rassembler peu à peu entre leurs mains tous les fils de l'administration du temps et disposaient, au milieu du XVIIIᵉ siècle, d'une autorité et d'une force d'action qui, dans la province même, ne rencontrait plus d'obstacles.

L'œuvre de Turgot peut se résumer ainsi (1) : il fit réduire la surcharge d'impôts qui pesait injustement sur les contribuables de la généralité de Limoges ; il délivra les paysans de la corvée en nature pour la construction et la réparation des routes et la remplaça par un impôt réparti sur tout le monde, qui permit

---

(1) Voy. M. Gustave d'Hugues, *Essai sur l'administration de Turgot dans la généralité de Limoges* (1859).

de doter la généralité de cent soixante lieues de rou-. tes ; il transforma en contributions pécuniaires les réquisitions militaires, réforma le mode de recrutement de la milice en tolérant les remplacements et substitua le casernement des troupes au régime de l'hiverne- ment. Il enseigna aux campagnes l'usage des prairies artificielles et la culture de la pomme de terre, sup- prima la taxe des bestiaux, s'occupa de la destruction des loups, organisa les bureaux et ateliers de charité et sut préserver notre province de la disette de 1770. Turgot ne contribua pas moins au développement des études professionnelles en instituant des cours d'accouchement et une école vétérinaire, en provoquant la publication de trois annuaires (ou calendriers) provinciaux et l'établissement de cartes régionales, en encourageant de mille manières la Société d'agriculture créée par son prédécesseur en 1759, et le Collège de médecine qui remontait à 1646, — et cela en un temps où l'étude des sciences physiques et naturelles s'introdui- sait définitivement en Limousin avec J.-B. Boyer, Pierre Depéret, Fray-Fournier et Juge St-Martin.

Par une heureuse coïncidence, c'est aussi sous l'in- tendance de Turgot que la découverte du kaolin aux en- virons de St-Yrieix (1765) et l'organisation des premières manufactures de porcelaine dans cette ville et à Limo- ges (1771) implantèrent dans notre province une indus- trie d'art qui prit rapidement une grande extension. La marque ⊂ ᴅ (Comte D'Artois, apanagiste du Limou- sin), qui apparaît à dater de 1774, rendit à Limoges son renom de ville industrieuse, si fort compromis depuis le commencement du XVIIIᵉ s., et garda sa valeur à travers toutes les transformations que subit cette nouvelle industrie (imitation du Saxe et style Louis XV jusque vers 1781, style classique de 1781 à 1801 environ) (1).

Pour comprendre le succès de ses difficiles réformes, il faut se souvenir que Turgot arriva en Limousin au moment propice. L'esprit du XVIIIᵉ siècle avait invisiblement, souterrainement accompli son œuvre. Les deux prélats qui se succédèrent sur le siège de Limoges, à partir de 1740, fortement imbus de philosophie, lui ouvrirent la porte de leur diocèse. Mgr d'Argentré, se fit le collaborateur de Turgot, et l'on vit bientôt les classes dirigeantes du Limousin « entrer dans le mouvement ». Elles connurent toutes les passions de cette époque ; elles en eurent toutes les aspirations, toutes les espérances, toutes les curiosités, toutes les illusions, et aussi tous les torts, tous les ridicules, toutes les défaillances. Elles acceptèrent tout ce qui pouvait aider à introduire un peu plus de justice, un peu plus de liberté, un peu plus de bonheur immédiat sur ce coin de terre déshérité par la nature, épuisé par la centralisation. Elles mirent l'idéal non dans le retour à un passé disparu, mais dans la préparation d'un avenir meilleur. Par malheur, elles ne surent point faire le départ entre ce qu'il convenait de garder et ce qu'il était urgent de bannir. Aux mœurs sérieuses et dignes, à tout prendre, qu'avait léguées le siècle précédent, la bourgeoisie substitua résolument les mœurs vaines et dépensières qu'étalaient quelques officiers du régiment de Royal-Navarre-cavalerie, caserné à Limoges. L'exemple vint, du reste, de plus haut encore. Mgr d'Argen-

_____

(1) D'après M. C. Leymarie

tré était ami de la vie fastueuse et représentative. Il
avait entrepris la reconstruction de son palais épiscopal, avec adjonction de vastes jardins et de hautes
terrasses qui dominaient superbement la Vienne. Ses
coffres furent bientôt vides. Pour les remplir, il
recourut à des expédients comme l'emprunt direct à
l'un de ses prêtres dont la bourse était ronde. Il trouva
mieux, en s'entendant avec Loménie de Brienne pour
faire unir à la mense épiscopale la célèbre abbaye
marchoise de Grandmont, chef d'un ordre qui avait
essaimé jusqu'en Espagne, jusqu'en Angleterre (1). Ce
fut dans certains milieux un vigoureux élan d'indigna-
tion, qui se traduisit un jour par la plus éloquente
des invectives : « Combien faut-il d'or, — écrit l'avocat de la partie adverse, — pour vivre d'une manière
convenable à l'état d'envoyé du Dieu qui, dans les
jours où il s'abaissa à vivre et à converser parmi les
hommes, n'avait pas où reposer sa tête? » — L'union
projetée n'en eut pas moins lieu.

Un autre fait, non moins digne d'être noté, signale
encore l'épiscopat de M. d'Argentré, bien que le prélat
n'y ait été personnellement pour rien : nous voulons
parler du réveil des études d'histoire provinciale avec
dom Col, les abbés Nadaud, Masbaret, Devoyon,
Vitrac, Legros, MM. Mallebay de la Mothe, Chiniac de
la Bastide, Jean et Henri Serre. Le XIX° siècle a gran-
dement profité de leurs travaux, bien qu'ils n'aient été
publiés qu'en partie.

---

(1) Voy. M. Louis Guibert, *Destruction de l'ordre et de l'abbaye de
Grandmont* (1877).

Si Turgot n'eut point le temps de réaliser toutes les réformes qu'il avait conçues, du moins son esprit survécut. Les assemblées provinciales, instituées en 1787, eussent peut-être repris ses projets ; mais ces assemblées ne réussirent point en Limousin, sans qu'on en sache bien les raisons. Elles eurent plus de succès dans la Haute-Marche, sans toutefois faire renoncer au désir de voir convoquer les Etats généraux. L'heure arriva de cette intervention du pays dans ses affaires. La population de nos deux provinces fut appelée à rédiger ses doléances et à élire ses députés. Ces deux opérations se firent par sénéchaussées géminées : celle de Bellac avec celle du Dorat; celle de Limoges avec celle de St-Yrieix, celle de Tulle avec celle de Brive. Seule, la sénéchaussée de Guéret fut admise à formuler isolément ses doléances. Quant à la Combraille, elle pétitionna et vota avec la sénéchaussée de Riom.

On peut dire qu'en général les cahiers de la Marche et du Limousin sont timides dans leurs revendications. La plupart se bornent à demander une constitution écrite, la périodicité des Etats généraux, la responsabilité des ministres, l'organisation d'Etats provinciaux, la suppression des intendants, l'aliénation des biens ecclésiastiques, la réforme des impôts et leur égale répartition, l'abolition des justices seigneuriales, la réforme des codes et des tribunaux, les garanties de la liberté individuelle, la suppression des droits féodaux, la liberté de la presse, une meilleure organisation de l'assistance publique, l'extension de l'instruction publique, un autre système de recrutement militaire, autant de réformes que l'on réclamait d'ailleurs dans chaque province de France à cette date. Sur plusieurs points la Révolution a dépassé ces demandes.

En dépit de cette timidité, il est clair néanmoins qu'une génération nouvelle avait surgi en Limousin, qui portait en elle l'âme du XVIIIe siècle. Elle donna à la France Cabanis et Jourdan, Vergniaud et Brune, Treilhard et Tabaraud, Marmontel et Ventenat, tôt envolés vers Paris, mais qui laissèrent au foyer d'origine des compatriotes animés des mêmes tendances, des mêmes besoins. Pour expliquer ce changement des esprits, il faudrait étudier de très près la phase qui s'étend de 1740 à 1789 et rechercher par quelles voies les influences extérieures pénétrèrent en Limousin (1). Tout au moins, dirons-nous que l'introduction de la littérature française dans les collèges ecclésiastiques, la vulgarisation des sciences par le Collège de médecine et la Société d'agriculture, l'esprit général de la *Gazette de Limoges* fondée en 1775, les audaces du théâtre nouvellement installé à Limoges, la lecture des journaux de Paris et de Hollande, l'institution à Limoges, Tulle et Uzerche de loges maçonniques auxquelles s'agrégèrent bon nombre d'ecclésiastiques, enfin l'influence personnelle de Turgot et de Mgr d'Argentré sur leur entourage, furent les causes les plus efficaces du nouvel état de l'opinion publique. Nous trouvons ainsi dans cette dernière phase de l'ancien régime, au temps où le comte d'Artois était seigneur apanagiste de la province, les origines morales du Limousin actuel.

---

(1) M. Louis Duval l'a assez bien montré pour la région de la Creuse dans sa longue introduction aux *Cahiers de la Marche* (1873).

Nous ne pouvons que rappeler les principaux événements politiques dont notre province a été le théâtre sous l'ancien régime. Les premières guerres de religion et les fureurs de la Ligue l'ont profondément troublée au XVIe siècle (1). Au XVIIe, il a été mêlé de fort près à quelques-uns des épisodes de la Fronde. Au XVIIIe, il est devenu pendant quelques années le champ d'expérience des économistes et des philosophes. Mais ce sont là des faits trop connus pour que nous ayons besoin d'y insister.

Le but spécialement didactique que nous nous sommes proposé nous oblige à suspendre un instant l'exposition chronologique des faits pour rassembler, en un court paragraphe, certains traits épars que nous avons rencontrés jusqu'ici.

Ainsi le Limousin nous est apparu comme sans cesse disputé entre le Nord et le Midi. Autant que l'Auvergne mais plus que la Saintonge, il a été le lieu de rencontre de l'esprit du Nord et de l'esprit du Midi, jusqu'au moment où celui-ci a disparu devant celui-là.

Du Midi, le Limousin a reçu la civilisation romaine à partir du premier siècle, le christianisme à dater du IIIe, le monachisme au cours du VIe; il a reçu également le parler latin, le droit écrit et les basiliques

---

(1) Voy. M. Clément-Simon, *Tulle et le Bas Limousin pendant les guerres de religion* (1887).

romanes. Il a eu Toulouse pour centre politique du Ve
au Xe siècle, sauf quelques intermittences, et Bordeaux
au temps des Anglais ; pour centre judiciaire, il a eu
Bordeaux encore, à partir de 1464. Au XVIe siècle,
c'est aux universités de Toulouse et de Bordeaux qu'il
est allé chercher, en partie, les idées de l'humanisme.

Du Nord, le Limousin a reçu son droit coutumier,
l'architecture gothique au XIIIe siècle, la langue de
France aux XIVe-XVe siècles. Il a eu Bourges pour
centre ecclésiastique depuis le IVe siècle, Paris pour
centre judiciaire jusqu'à l'institution du parlement de
Bordeaux et même jusqu'à la Révolution pour la Marche. Il a eu Bourges pour premier centre politique
sous les Romains, Soissons sous les rois barbares, Poitiers à dater du Xe siècle, enfin Paris, d'une manière à
peu près définitive depuis 1204. C'est de là qu'il a toujours plus reçu ses institutions, ses magistratures, ses
idées politiques et la direction dernière de son histoire.

Cette lutte d'influences résulte de la position géographique du Limousin. Nous compléterons cet ordre de
considérations en remarquant qu'au XVIe siècle les
idées de la Réforme ont pénétré en Limousin principalement par l'Angoumois, tandis que celles de l'Humanisme sont arrivées en partie avec les livres que
Lyon imprimait alors en si grand nombre.

Avant d'abandonner l'ancien Limousin, il sera ins-
tructif de mettre aussi le doigt sur certains contrastes
de son territoire.

La seule unité qui eut persévéré à travers le moyen
âge était celle du diocèse, non toutefois sans avoir été

légèrement entamée. Cette unité purement formelle n'avait point empêché les diversités locales de se produire de mille manières. On le voit d'abondant si l'on compare l'une à l'autre ces deux régions naturelles, à peu près d'égale superficie, qui s'appellent aujourd'hui la Creuse et la Corrèze et qui n'ont point dans le passé de dénomination suffisamment précise (1).

La première, dans le bassin de la Loire, est tournée avec son principal cours d'eau vers le N.-O.

La seconde, dans le bassin de la Garonne, regarde le S.-O. comme ses rivières.

La première est, au moyen âge, un pays profondément déchiqueté, sur lequel dominent les féodaux de Poitou, de Berry, d'Auvergne, plus tard ceux de Bourbonnais, qui rarement résident.

La seconde s'appartient davantage, car les seigneurs de Comborn, de Ventadour, de Turenne sont indigènes et habitent leurs fiefs.

Dès le XVIIe siècle et aujourd'hui encore on constate que le nombre des lieux habités et la densité de la population sont moindres au nord qu'au sud du Plateau de Millevaches.

Dans la région de la Creuse et de ses affluents dominent trois coutumes (celles du Poitou, de la Marche et de l'Auvergne).

Dans la région de la Corrèze et des rivières voisines, le droit écrit n'a cessé de prévaloir.

_____

(1) Le bas Limousin correspond assez bien au département de la Corrèze; mais la haute Marche ne comprenait ni Bourganeuf, ni la Souterraine, ni Boussac, ni Chambon.

Marche et Combraille, pays de juristes. Bas-Limousin, pays de légistes.

Sous l'influence du droit coutumier, les revendications communales ont été fréquentes quoique tardives dans la Marche et la Combraille. Elles furent au contraire très rares en Bas-Limousin.

Bien que l'ancien Limousin appartienne tout entier au domaine de la langue d'oc, celle-ci a subi de bonne heure, dans la région de la Creuse, des infiltrations françaises. Dans la région de la Corrèze au contraire, elle s'est conservée jusqu'au XV⁰ siècle pure de tout mélange.

La première n'a pas rédigé au moyen âge une seule chronique. La seconde nous en a laissé au moins trois.

L'imprimerie reçut droit de cité à Tulle en 1589, à Brive en 1635, — à Guéret en 1710 seulement.

Le présidial de Brive est de la première création; celui de Guéret de la seconde.

La royauté a, dès le commencement du XIV⁰ siècle, réuni à son domaine la région de la Marche, puis dédaigneusement l'a oubliée jusqu'à la fin de l'ancien régime aux mains des seigneurs engagistes. Elle a acquis le Bas-Limousin avec plus de peine (Ventadour au XVI⁰ siècle, Turenne au XVIII⁰) et ne l'a plus lâché, se souvenant qu'au XVII⁰ siècle encore le vicomte de Turenne avait joué le rôle d'opposant.

Aux mains des seigneurs engagistes la Haute-Marche a été subordonnée à d'autres provinces plus importantes et a, en quelque sorte, perdu le sentiment de son individualité. Le Bas-Limousin au contraire n'a jamais été séparé du tronc originel.

A la première se rattache le souvenir de nombreuses

ruines celtiques et d'une industrie d'art textile longtemps florissante, mais aussi le souvenir d'émigrations
en masse, de faux-sauniers redoutables et de vies be-
sogneuses. Un intendant du XVIIᵉ siècle parlant des
habitants de la Haute-Marche les déclare « petits, ter-
restres et noirâtres ».

A la seconde sont liés les noms de nos premiers troubadours et des derniers papes d'Avignon. Pays de
gaie science et de haut clergé, le Bas-Limousin est
aussi le pays des grandes abbayes, des nombreux
chapitres, des remarquables églises et des collèges prospères.

La région de la Creuse n'a donné à la France, avant
la Révolution, que la dynastie des d'Aubusson de la
Feuillade, et le poète Quinault. La région de la Corrèze
lui a donné celle des Turenne, et en outre les Noailles,
les de Selve, Etienne Baluze, le cardinal Dubois, Marmontel et Cabanis (1).

Jusqu'à quel point ces deux régions ont différé à
certains égards, on le voit encore mieux si l'on s'avise
de grouper géographiquement les abbayes, les églises,
les châteaux, les collèges et les villes de l'ancien Limousin:

Sauf Le Dorat, de bonne heure sécularisé, sauf Ambazac tôt disparu, les premières abbayes, du VIᵉ au
Xᵉ siècle, se sont toutes fondées sur la Vienne ou au
sud de cette rivière, dans le bassin de la Garonne. C'est
à croire que le mouvement monastique se propageait

---

(1) Nous omettons les familles de haute cléricature que nous avons
mentionnées ci-dessus, page 115.

du sud au nord sans que Bourges, la métropole, y fut
pour quelque chose. En tout cas c'est une des raisons
pour lesquelles le Bas-Limousin l'a emporté de si bonne
heure sur la région de la Creuse en civilisation.

Pourtant, les monastères apparurent à leur tour dans
le voisinage de la Creuse : Guéret et Moutier-Rauzeille
au VIIIe siècle, Ahun au Xe. Mais combien pâle est leur
histoire, combien petite leur influence en regard des
autres. Ajoutons cependant que le second moyen âge
modifiera un peu cette loi et que Grandmont fondé en
Haute-Marche (il est vrai, sur les limites du Limousin),
prendra immédiatement le pas sur toutes les grandes
fondations monastiques du XIIe siècle.

Il en est de même encore au XVIe siècle : le mouvement réformateur a fondé bien plus d'églises en Bas-
Limousin que dans la Haute-Marche ou la Combraille
(1), de telle sorte qu'au siècle suivant, les nouveaux
ordres monastiques fourmillent, pour ainsi dire, dans
la partie méridionale du diocèse, tandis qu'ils sont fort
rares dans la partie du nord-est (2).

Au XVIIe siècle, il n'y a d'autre collège classique
dans la Haute-Marche que celui de Felletin; la Combraille n'en a pas même un. Le Bas-Limousin à lui
seul possède les collèges de Brive, Ussel, Tulle, Treignac, Beaulieu, sans compter les séminaires (3).

Quant aux chapitres de chanoines, il n'y en a jamais
eu que deux dans la vallée de la Creuse : la Chapelle-

---

(1) Voy. ci-dessus, page 124.
(2) Voy. ci-dessus, page 130.
(3) Voy. ci-dessus, page 134.

Taillefer (transféré à Guéret) et Moutier-Rauzeille
(transféré à Aubusson). Celui de Crocq en Combraille
relevant du diocèse de Clermont était sans influence
dans la Marche. Au contraire, en Bas-Limousin les chapitres se pressent pour ainsi dire côte à côte : Tulle,
Brive, Uzerche, Turenne, Noailles, sans compter les
chapitres disparus de Pompadour et d'Ussel.

On obtient même résultat si l'on rapproche géographiquement les églises dites historiques du Limousin.
Pour douze que l'on rencontre dans le Bas-Limousin,
on en trouve seulement deux dans la vallée de la Creuse,
quatre si l'on rattache à la Haute-Marche les églises de
la Souterraine et de Chambon-Ste-Valérie (1).

La même loi de répartition s'observe en ce qui touche
les villes considérées comme centres de population et
centres d'institutions (2). Quant aux châteaux-forts,
nous savons déjà qu'il faut aller chercher les plus importants sur la frontière de l'ouest et du sud-ouest :
Bellac, Chabanais, Rochechouart, Chàlus, Ségur, Turenne (3). Seuls Aubusson et Peyrat ont grandi en pleine
Marche. Aubusson est même le plus considérable de
ces châteaux et a été le berceau des d'Aubusson de la
Feuillade, la plus célèbre maison seigneuriale de notre province avec celle des Turenne.

Rencontre-t-on dans beaucoup de petites provinces
autant et de si profonds contrastes ? Il y a lieu d'en
douter puisque ces contrastes sont une conséquence de

(1) Voy. ci-dessus, p. 73.
(2) Voy. ci-dessus, p. 77 et p. 78.
(3) Voy. ci-dessus, p. 23.

la configuration géographique du Limousin que le Plateau de Millevaches coupe en deux, et une conséquence
de la scission politique qui s'est produite, au commencement du XIVᵒ siècle, entre la partie nord et la partie
sud de son territoire. Cette scission fut si profonde que
la Marche et le Limousin en arrivèrent à constituer deux
provinces différentes.

XI

De la Révolution à nos jours : première phase : Révolution, premier Empire et Restauration ; = deuxième phase : Monarchie de juillet ; — troisième phase : deuxième République et second Empire ; — quatrième phase : troisième République. = Le département de la Creuse et le département de la Corrèze. — Hommes célèbres du Limousin au XIX° siècle. — Esquisse de l'histoire du clergé depuis la Révolution. — Conclusion.

Avec la Révolution, qui a aboli les provinces, semble finir l'histoire qui nous occupe. Le nom même de Limousin disparaît des actes publics, en même temps que les vieilles institutions, les groupes sociaux, les circonscriptions conventionnelles qui se confondaient sous cette antique dénomination (1). Après l'unité territoriale faite par Charles VIII et l'unité politique achevée sous Louis XIV, la Constituante et la Convention voulurent donner à la France l'unité administrative. Elles ne s'aperçurent pas qu'en renforçant la centralisation bureaucratique elles enlevaient aux conseils départementaux et communaux le bénéfice de l'extension de leurs attributions, et qu'en réduisant chaque département à n'être plus qu'une petite unité administrative,

---

(1) Voy. M. V. de Seilhac, *Scènes et portraits de la Révolution en bas Limousin* (1878), — et M. Louis Duval, *Archives révolutionnaires du département de la Creuse* (1875).

elles rendaient possible un despotisme d'Etat aussi dan-
gereux que celui d'un monarque.

Peut-on dire cependant que la tentative a complètement réussi ? — Nous avons prouvé que non en montrant précédemment (1) qu'à partir de 1800, le Limousin fut peu à peu reconstitué au point de vue judiciaire,
ecclésiastique, représentatif, académique et militaire.
Les mœurs, les coutumes, les traditions, le langage
avaient en effet perpétué dans ces trois départements
le souvenir d'une existence en commun ; des intérêts
identiques avaient survécu aux violences du jacobinis-
me. Le pouvoir de Bonaparte tint compte de ces faits,
(tout en fortifiant par d'autres voies son autorité absolue), et bientôt les populations de notre région historique se retrouvèrent sœurs dans certains cadres de
l'administration publique. C'est par cette considération
que nous croyons légitime de poursuivre jusqu'à nos
jours, sous le nom primitif, l'histoire des trois départements que la Constituante a tirés de l'ancien Limousin.

Nous essaierons donc d'esquisser en quelques traits
rapides les phases de cette nouvelle période de notre
existence provinciale (2). Mais nous rappellerons tout
d'abord que le caractère général du XIX⁰ siècle résulte

---

(1) Voy. ci-dessus, page 70.

(2) Avons nous besoin de dire que nous nous en tiendrons aux faits
essentiels d'ordre administratif, intellectuel et économique, sans songer, tant s'en faut, à épuiser l'immense somme de renseignements
que fournissent, depuis le commencement du siècle, les journaux et
les annuaires locaux, les publications officielles des départements et
celles des divers ministères ?

moins des modifications extérieures introduites dans les institutions, que de l'esprit même de ces institutions.

Loin d'avoir fait banqueroute, la Révolution, aux yeux de l'historien, a semé des doctrines et des préceptes, elle a inspiré des tendances sociales et des besoins publics qui ont vivifié les deux derniers tiers de notre siècle. C'est elle qui a établi l'égalité de tous devant la loi, qui a délivré les classes industrielles du joug des jurandes et des règlements prohibitifs, qui a émancipé définitivement les classes agricoles par une meilleure répartition de la propriété foncière, par l'abolition du servage (1), par la suppression des privilèges féodaux, des justices seigneuriales et des dîmes ecclésiastiques. C'est elle qui a introduit dans les écoles centrales (devenues lycées) l'enseignement des sciences ; qui a moralisé l'administration en une large mesure par la publicité de ses actes ; qui a fait rentrer le clergé dans le christianisme en supprimant la religion d'Etat, en proclamant la liberté des cultes, en ramenant les prélats de l'esprit de cour à l'esprit de leur état, en rendant les hautes dignités ecclésiastiques accessibles au talent et non plus seulement à la naissance (2). C'est elle enfin qui a substitué, jusqu'à outrance, le droit rationnel au droit historique et inauguré la liberté politique en enseignant à la nation qu'elle

---

(1) Il y avait encore un million de main-mortables en France en 1789, d'après les calculs les plus modérés.

(2) En 1789, sur 138 évêques qu'il y avait en France, 134 appartenaient par leur naissance à la noblesse et résidaient le plus souvent à la cour.

doit disposer d'elle-même au lieu de se considérer comme l'héritage indéfiniment transmissible d'une famille princière.

Nous passerons rapidement sur les trente premières années du XIXe siècle. A lire les feuilles publiques du temps, les *Annales de la Haute-Vienne* ou l'*Echo de la Creuse*, l'esprit public apparaît chez nous comme plus arriéré qu'en aucune autre province de France, si on excepte le Rouergue, le Velay, le Gévaudan qui appartiennent également au Massif central. La commotion de 1789-96 avait été si rude, les exigences de la centralisation impériale furent si absorbantes, l'action modératrice de la royauté restaurée fut si efficace, que de longues années passèrent avant que le Limousin reprit conscience de lui-même et sentit remonter sa sève provinciale (1).

Ces trente années furent pourtant marquées par quelques fondations qu'il importe de noter. A Limoges elles eurent lieu, pour la plupart, sous l'administration du baron Texier-Olivier, qui fut préfet de la Haute-Vienne de 1802 à 1814. Ainsi la Cour d'appel, érigée en 1810-11, remplaça l'ancien présidial : elle devait compter bientôt M. de Martignac au nombre de ses procureurs généraux. L'Hôtel des monnaies (lettre I) fut rétabli en 1803 et a subsisté jusqu'à la fin de 1837. Une Chambre consultative des arts et manufactures fut instituée en 1804 pour éclairer le gouvernement sur

---

(1) Voy. M. V. de Seilhac, *Histoire politique du département de la Corrèze sous le Directoire, le Consulat, l'Empire et la Restauration* (1888).

les besoins de l'industrie locale. La Société d'agriculture reprit ses séances (1801) et resta pendant près d'un
demi-siècle le seul refuge des esprits éclairés. Etendant insensiblement le cercle de son action, elle organisa des expositions industrielles, forma en 1807 une
Ecole de dessin et patronna vers 1825 une Ecole de
géométrie qui contribuèrent l'une et l'autre à pousser
l'industrie porcelainière dans les voies de l'art décoratif. C'est grâce à son appui que la tradition des productions littéraires en dialecte limousin fut renouée
par l'abbé François Richard et par le célèbre Foucaud
(1), au temps où Duroux et surtout Joullietton repre-
naient les études d'histoire provinciale. En 1821, C.-N.
Allou donna sa *Description des monuments de la Haute-
Vienne* et Léonard Albert commença son recueil des
Vues pittoresques et monuments anciens du Limousin,
le premier de ce genre qu'on ait tenté chez nous.

Par décret de 1803, l'Ecole centrale de la Haute-
Vienne devint le Lycée de Limoges, avec même
arrondissement que la Sénatorerie de Limoges. Puis,
dès 1808-09, d'anciens collèges se rouvrirent aux
humanités : Eymoutiers et Magnac-Laval dans la
Haute-Vienne ; Tulle, Brive, Treignac, Ussel et Uzerche
dans la Corrèze ; Guéret, Evaux et Felletin dans la
Creuse. Ces deux derniers disparurent bientôt ou se
transformèrent ; mais le collège communal de Bort
(Corrèze), fut encore établi en 1820 (2), celui

---

(1) C'est en 1809 qu'il publia ses *Fables de la Fontaine imitées et
traduites en vers patois*. — Le *Dictionnaire du patois bas-limousin*, par
l'abbé Béronie, ne fut publié qu'en 1822, après la mort de l'auteur.

(2) Il disparut vers 1834.

de St-Junien (Haute-Vienne) en 1827. Dès 1804, de très nombreuses institutions secondaires, laïques ou ecclésiastiques, avaient surgi partout : à Limoges, St-Yrieix, St-Junien, St-Léonard, Bellac, Châteauponsac, Pierrebuffière, Rochechouart, St-Germain-les-Belles, St-Ouen, Le Dorat, St-Laurent-les-Eglises, Aixe, pour la Haute-Vienne, — à Aubusson, Ajain, Evaux, Bourganeuf, La Souterraine, Ahun, St-Vaury, Auge, Auzances, Bellegarde, St-Loup, Dun-le-Palleteau, pour la Creuse, — à Juillac, Servières, Beaulieu, Neuvic, St-Angel, Brive, Argentat, Meymac, Bort, Curemonte, Turenne, Lubersac, pour la Corrèze. Mais beaucoup de ces institutions tombèrent sous le règne de Louis-Philippe.

En 1818 le Comité d'instruction publique autorisa le Dr Cruveilhier à ouvrir à Limoges un cours d'anatomie qui fut continué par le Dr Thuillier jusqu'en 1829, concurremment avec un cours d'histoire naturelle inauguré en 1825 par M. Dubois (1). M. Drapeyron avait déjà organisé une école de sourds-muets et d'aveugles-nés; il ouvrit en 1818 une école de commerce. Bientôt tombées l'une et l'autre, elles n'ont été relevées que de nos jours. — Sur l'ordre de Napoléon une statistique détaillée et un cadastre général avaient été entrepris dans nos trois départements comme dans le reste de la France (1805 et ss.), et fournirent d'utiles données à l'administration publique. La bibliothèque communale

---

(1) Par contre, on lit dans l'*Annuaire de la Haute-Vienne* de 1818 (p. 147) ce singulier avis : Faculté des lettres. Cette faculté est provisoirement suspendue dans l'Académie de Limoges. Les cours sont remplacés par ceux du collège royal » (!).

de Limoges (1804) et les Archives départementales de
la Haute-Vienne (1821) reçurent un commencement
d'organisation. Deux cabinets de lecture s'ouvrirent
même au public, par les soins de l'initiative privée.

Pendant les quatorze années de paix qui suivirent
l'Empire, les manufactures de porcelaine se multiplièrent à St-Yrieix, à Limoges et même en dehors de
ces deux villes, à Magnac-Bourg, St-Léonard, Coussac-
Bonneval, Solignac, Brigueil et Bourganeuf. Vouée à
l'inspiration classique, la porcelaine de Limoges n'a
pas encore, à cette époque, vraiment fondé sa réputation artistique.

A Limoges, le Bureau de bienfaisance, la Maternité,
l'Asile d'aliénés et le Dépôt de mendicité (auj. Naugeat)
sont antérieurs de quelques années à la Révolution.
Mais leur réorganisation date du Directoire ou du Consulat. Le Mont-de-Piété remonte à 1805 ou 1806. La
Compagnie d'assurances générales, fondée à Paris en
1819, fut introduite la même année à Limoges, l'année
suivante à Tulle, peu après à Guéret. Dans la première
de ces trois villes, un bureau de loterie a subsisté jusque vers 1820.

Vers 1806 l'Etat rétablissait le haras de Pompadour
(fondé en 1764), devenait en 1816 propriétaire de la
manufacture d'armes de Tulle (établie en 1696), et ins-
tituait en 1817 la ferme-école de Chavaignac. En 1828
le chef-lieu de la Corrèze construisait son premier
théâtre.

Cette sèche énumération montre déjà quelques-unes
des directions que va prendre l'esprit réformateur du
XIXᵉ siècle. Ces directions deviendront plus certaines
à mesure que l'accroissement de la population aug-

mentera la somme des besoins publics. Vers la fin de
la Restauration Limoges comptait 27,000 habitants (1),
mais n'avait point rang cependant entre les « quarante
bonnes villes » du royaume. Il se trouvait donc, dans
la hiérarchie des affections royales, au-dessous d'Abbe-
ville, de Vesoul et d'Antibes !

..

Le réveil de l'esprit public n'eut lieu dans nos trois
départements qu'en 1830, sous le coup des évènements
politiques qui amenèrent un véritable renouveau des
idées et des sentiments de 1789. Tout bourgeois instruit se piqua d'être voltairien. Les doctrines du Saint-
Simonisme, prêchées à Limoges par Retouret, firent
de nombreux adeptes. Les journaux se multiplièrent à
Tulle, à Guéret, même dans les simples chefs-lieux
d'arrondissements, aussi bien qu'au chef-lieu de la
Haute-Vienne. Ils trouvèrent, au moins à Limoges,
des rédacteurs de talent : Courcelle-Seneuil, Alfred et
Arthur de la Guéronnière, Achille Leymarie, Arsène
Peauger. Le barreau et la chaire comptèrent de véritables orateurs avec Théodore Bac et l'abbé Berteaud,
au temps où Charles Lachaud fondait à Tulle sa réputation d'avocat.

En ce temps là aussi, Pierre Leroux rédigeait et
imprimait à Boussac (à Boussac!) sa *Revue sociale*
(1845 et ss.), dont les idées humanitaires eurent une si
grande influence sur les revendications des classes ou-

---

(1) Pour les autres villes de la région, voy. ci-dessus page 77.

vrières de Limoges en 1848. Achille Leymarie publiait son *Histoire de la bourgeoisie limousine*, qui eut l'honneur d'être couronnée par l'Institut (1846), et l'abbé Texier commençait les études archéologiques qui ont établi sa réputation.

Grâce à la sollicitude du gouvernement de Juillet pour l'instruction publique, on put organiser des écoles normales primaires à Guéret, Tulle et Limoges, en 1831-33, un collège à Aubusson en 1838. Au chef-lieu de la Haute-Vienne des cours de médecine, de droit, de chimie industrielle s'ouvrirent immédiatement, ainsi que de nombreuses institutions libres qui adoptèrent les méthodes pédagogiques en faveur (enseignement mutuel, méthode Jacotot, etc.). L'étude des langues vivantes fut même, pour la première fois, introduite dans les collèges royaux.

Des sociétés savantes s'organisèrent à Guéret et Limoges (1). Elles publièrent chacune un *Bulletin* et créèrent deux musées d'art et d'antiquités locales, pendant que des publications dues à l'initiative privée dressaient la statistique de la province, ou reproduisaient ses principaux monuments (2). La *Revue du Centre* avec

(1) Société des sciences naturelles et archéologiques à Guéret en 1832; ses *Mémoires* ne forment encore que sept volumes. — Société archéologique et historique à Limoges; son *Bulletin* compte actuellement 37 volumes. — La Société centrale de statistique, établie à Limoges en 1847, disparut bientôt et n'a rien publié, à notre connaissance.

(2) Les *Nouvelles éphémérides de Limoges* par Laurent et l'*Historique monumental du Limousin* par Tripon appartiennent l'un et l'autre à l'année 1836-37, tout comme la *Revue du Centre* et l'*Album judiciaire de la Cour d'appel*. — L'*Album historique et pittoresque de la Creuse*, par Langlade, ne date que de 1847.

des visées plus littéraires groupa dans la capitale du Limousin quelques collaborateurs de bonne volonté (1837) et développa dans la classe bourgeoise des goûts de lecture qui permirent à trois ou quatre cabinets littéraires d'exister simultanément. L'Ecole de médecine, projetée en 1837, inaugura ses cours en 1841. La Cour d'appel, désireuse de voir ses jugements « faire jurisprudence », encouragea la publication de l'*Album judiciaire* de Limoges (1837). L'étude de la topographie régionale, fort avancée par l'achèvement du cadastre vers 1840, prit faveur et amena la publication de cartes et de dictionnaires spéciaux à chacun de nos trois départements. Les premières sociétés musicales se formèrent également sur la fin de cette période. Enfin, la Société française d'archéologie tint, pour la première fois en 1847, un congrès à Limoges (1).

En même temps que la loi de 1833 organisait l'instruction primaire, au moins dans les localités de quelque importance, la loi sur les conseils départementaux, votée cette même année, développait les attributions des conseils généraux et des conseils d'arrondissement créés par la constitution de l'an VIII. Une autre loi de 1836, relative aux chemins vicinaux, ouvrit les campagnes à la propagande des idées du nouveau gouvernement et, conséquence plus durable, favorisa le développement de l'agriculture. Les comices agricoles commencèrent à fonctionner partout. De nouvelles manufactures de porcelaine s'établirent à Sauviat et Pierre-

---

(1) Un ouvrage estimé, la *Flore du Centre de la France* par Alexandre Boreau de Saumur, date de 1841 (1re édit.; 2 vol. in-8o).

buffière, si bien qu'en 1836 on en comptait vingt-quatre dans la Haute-Vienne ou la Creuse. Mais bientôt, quelques-unes (entre autres celle de Magnac-Bourg) ne purent lutter contre celles de Limoges et disparurent. Au sein de ces dernières, l'imitation classique jusque vers 1835-40, puis l'inspiration romantique jusqu'au commencement du second Empire, ont caractérisé le style de tous les produits (1).

Bien que la population industrielle eut considérablement augmenté, on ne voit pas, sous la monarchie de Juillet, de sociétés de secours mutuels autorisées. Par contre, en 1847 on comptait à Limoges 19 compagnies d'assurances, 9 à Tulle, 9 à Guéret.

Les caisses d'épargne de Limoges et de Tulle remontent à 1835, celle de Guéret à 1842. L'asile d'aliénés de la Cellette près Eygurande (Corrèze) (2) fut ouvert en 1830, le pénitencier du Mas-Eloi en 1846.

Les travaux publics ne furent point oubliés. A Limoges en particulier on construisit beaucoup (3). A Tulle on se borna à rebâtir l'évêché diocésain (1844).

Dans la série des préfets de la Haute-Vienne sous la monarchie d'Orléans, M. Morisot (1841-48) est le seul dont le souvenir ait survécu jusqu'aujourd'hui dans le département.

. .

Mais les légitimes exigences des gouvernés, marchant plus vite que la bonne volonté des gouvernants, triomphèrent tout-à-coup avec une force irrésistible

_____

(1) Cf. ci-dessus, p. 139.
(2) La Creuse n'a pas encore d'établissement de ce genre.
(3) Voy. ci-dessus, page 83.

par la révolution de 1848. La monarchie de Juillet avait abaissé de 300 à 200 francs le cens électoral et de 1000 à 500 francs le cens d'éligibilité; mais elle avait repoussé en 1842 l'adjonction des capacités, en sorte que le moindre propriétaire foncier, le moindre patenté du commerce avait plus d'importance politique que la plupart des docteurs de facultés. Sous la seconde République, le suffrage universel fonctionna de nouveau et les journaux politiques pullulèrent à Limoges. Mais les œuvres destinées à vivre n'eurent guère le temps de se produire. On ne peut citer que l'installation d'une succursale de la Banque de France à Limoges (1848), l'institution des Conseils départementaux d'hygiène (1849), l'organisation des Chambres consultatives d'agriculture dans chaque chef-lieu d'arrondissement (1852), la fondation, en 1849, de deux fermes-écoles dans la Corrèze (1) et d'une autre dans la Creuse (2), l'institution à Limoges du pénitencier du Bon-Pasteur et de la Société de charité maternelle (1849). Celle-ci eut plus tard, à partir seulement de 1867, son pendant à St-Yrieix (3).

Conservateur et autoritaire en politique, le second Empire se montra résolu à donner dans le domaine économique satisfaction aux besoins généraux du pays. Quelque défiance que l'on puisse professer à l'endroit du progrès matériel, il faut se rendre compte qu'il est

---

(1) L'une à La Jarrige, près Tulle, a disparu en 1852; l'autre aux Plaines, près Ussel, subsiste toujours.

(2) A Villeneuve, près Crocq. Elle a disparu vers 1885.

(3) Ni la Creuse ni la Corrèze ne possèdent de sociétés de ce genre.

devenu une condition de soulagement des classes
ouvrières et que, d'ailleurs, l'activité des races saxon-
nes en ce sens exige de notre part le même déploie-
ment d'énergie productive. Il ne suffit pas, pour avoir
sa place dans le monde moderne, d'être le meilleur si
l'on n'est aussi le plus actif et le plus instruit. Le développement économique et scientifique est donc une
nécessité pour les nations autant que le progrès moral.
Mais l'Empire ne se préoccupa sincèrement que du
premier. C'est sous l'influence de ces tendances qu'on
entreprit d'abord de construire la plupart des édifices
que nous voyons actuellement à Limoges (1), la préfecture de Guéret et les premiers chemins de fer de la
région : la ligne de Limoges à Châteauroux, en 1856;
celle de Limoges à Périgueux, en 1861; celle de
Limoges à Guéret, en 1864; celle de Limoges à Poitiers, en 1867.

Sous l'aiguillon de la concurrence étrangère, excitée
bientôt par les traités de commerce de 1860, la fabrication de la porcelaine, tout en rompant avec les anciennes traditions, prit à Limoges un nouvel essor et s'organisa rapidement sur le pied de la « grande industrie »,
pendant que d'autres fabrications (celle du papier, fort
ancienne en Limousin, et celle des liqueurs, importée
vers 1825), acquéraient de notables développements
et compensaient la disparition de l'industrie textile.
La typographie retrouvait son ancienne activité et
mettait la Haute-Vienne, chose curieuse, au rang des
départements où l'on imprime le plus. La principale

_____

(1) Voy. ci-dessus, page 83.

évolution économique du XIX° siècle s'accomplit donc chez nous vers cette époque.

Les transactions commerciales furent tout spécialement favorisées par l'établissement de bureaux télégraphiques à Limoges, Tulle et Guéret (1) en 1854, et par l'exposition régionale qui s'ouvrit au chef-lieu de la Haute-Vienne en 1858 (2), si bien qu'en 1866, un consulat des Etats-Unis parut nécessaire à Limoges.

La population de cette ville s'accrut alors rapidement : elle était, en 1869, de 54.000 habitants. Par l'extension donnée aux Sociétés de secours mutuels (3), aux Compagnies d'assurances (4), aux Caisses d'épargne, de retraites pour la vieillesse, d'assurance en cas de décès et d'accident, l'aisance et la sécurité continuèrent à pénétrer de plus en plus l'existence des classes laborieuses. En 1853, on établit à Rabès près Tulle, un dépôt de mendicité (5), et en 1867 ou 1868, l'orphelinat agricole de Lafaye près St-Yrieix. Ces timides essais de solution de la question sociale étaient certes plus pratiques que les moyens préconisés par les réformateurs saint-simoniens. Mais ceux-ci avaient laissé des adeptes : la péréquation des salaires, l'abolition du capital, le communisme d'Etat et autres doctrines de même origine ont continué de défrayer pendant tout l'Empire les discussions publiques. D'ailleurs,

---

(1) Auj. il y en a au moins un par chaque canton.
(2) C'est aussi en 1858 que la Chambre consultative des Arts et Manufactures prit le nom de Chambre de Commerce.
(3) 23 à Limoges, 1 à Tulle, 1 à Guéret, en 1869.
(4) 24 à Limoges, 10 à Tulle, 10 à Guéret, en 1869.
(5) La Creuse ne possède pas encore d'établissement de ce genre.

à la suite du progrès de la richesse, l'économie et la simplicité dans la vie privée étaient peu à peu dédaignés à tous les degrés de la société, en même temps que, sous l'influence du gouvernement, se manifestait cette décadence des mœurs politiques, cet affaissement de la conscience publique dont nous constatons aujourd'hui encore les si étranges conséquences.

En ce qui touche les mœurs privées et la criminalité, la transformation n'a pas été moins grande ; mais, à cet égard, toute formule reste inexacte. Nous renvoyons donc simplement le lecteur au tableau statistique que nous donnons à l'Appendice, en prévenant seulement que les chiffres reproduits sont proportionnellement plus faibles dans notre région que dans d'autres régions de la France.

Les questions d'instruction publique, reléguées au second rang après le vote de la loi de 1850, furent reprises à partir de 1865 sous le ministère de M. Duruy. L'enseignement spécial reçut alors droit de cité au Lycée de Limoges ; l'Ecole d'art décoratif de cette même ville fut définitivement organisée (1867-68) ; une autre fut fondée à Aubusson en 1869, ainsi qu'un collège communal à Saint-Yrieix en 1860. D'autre part, pendant qu'Adrien Dubouché organisait à Limoges le Musée céramique (1861), des amateurs, disséminés dans nos trois départements (1), commençaient, avec leurs seu-

---

(1) Entre autres MM. P. de Cessac et Aug. Bosvieux dans la Creuse ; chanoine Berteaud, Clément Simon, Joseph Brunet, François Bonnely et Massénat dans la Corrèze ; Tandeau de Marsac I et II, abbé Texier, Lamy de la Chapelle, Astaix et Taillefer dans la Haute-Vienne. — Nous ne parlons encore que de la période du second Empire.

les ressources, ces collections de manuscrits, de livres
et d'émaux limousins, d'ustensiles préhistoriques et
de plantes régionales qui ont fourni tant de données
utiles à l'histoire de la province. Sous l'influence de
ces mêmes goûts, une Société de médecine (1852) et
une Société des amis des arts (1860) se formèrent à
Limoges. La première publia un *Bulletin* qui existe
encore ; l'autre organisa les deux expositions artistiques de 1862 et 1870. La Société historique et littéraire
du Bas-Limousin (Tulle, 1851), n'eut pas d'abord d'organe. Mais en 1860, des revues littéraires et historiques se fondèrent au chef-lieu de chacun de nos trois
départements : la *Voix de la Province*, à Limoges,
la *Revue du Limousin*, à Tulle, la *Marche*, à Guéret, et vécurent jusqu'en 1863. Des congrès scientifiques se tinrent au chef-lieu de la Haute-Vienne en
1859 et 1867, au chef-lieu de la Creuse en 1865. Enfin,
grâce à MM. Maximin Deloche, Auguste Bosvieux et
Emile Ruben, l'historiographie provinciale entra dans
la voie féconde de la recherche et de la publication des
textes originaux.

Malheureusement une partie de ces premiers résultats, d'ailleurs fort modestes, fut anéantie en 1867 par
l'incendie des archives, de la bibliothèque et des collections formées par la Société d'agriculture; en 1870,
par la dispersion du musée qu'avait créé la Société
archéologique du Limousin. Et puis, remarque importante, les classes populaires n'avaient tiré aucun profit de ces innovations : en 1869, les trois départements
limousins étaient encore, par le nombre des illettrés,
au plus bas de l'échelle statistique du Ministère de
l'Instruction publique.

La médaille impériale a un revers dans les restrictions apportées par le gouvernement à l'exercice des libertés les plus légitimes : limitation du nombre des imprimeurs, censure de la presse politique, obstacles au droit de réunion et d'association, fermeture des écoles protestantes, — et dans certaines mesures politiques comme la suppression de l'Ecole normale de Limoges (1851) (1), l'adoption de la lettre d'obédience au profit des congréganistes non diplômés, le régime de la candidature officielle, etc. Ces faits devront être pris en considération par quiconque voudra comprendre l'état de l'opinion publique en Limousin dans les dernières années du second Empire.

Au lendemain du grand désastre national, quelques hommes politiques eurent la pensée d'arrêter la marche du XIXe siècle et même de le ramener à l'oisiveté dévote de la Restauration. Cinq années d'efforts en ce sens aboutirent à un complet échec, et la démocratie reprit bientôt, plus résolument que jamais, sa marche en avant. Sous la troisième République, grâce au régime de la liberté de la presse, des réunions publiques et du droit d'association, les forces démocratiques se sont partout organisées. Les Sociétés de secours mutuels se sont répandues, mêmes en dehors de Limoges, de Guéret et de Tulle; les syndicats professionnels, qui apparaissent en 1872 comme conséquence

---

(1) Celles de Guéret et de Tulle furent cependant maintenues.

de la loi de 1869, ont obtenu depuis 1884 une existence légale et sont actuellement au nombre de 18 à Limoges.

D'autre part, les Compagnies d'assurances ont doublé de nombre (1), ce qui correspond nécessairement à une notable extension du nombre des assurés ; les Sociétés de secours mutuels se sont encore multipliées. L'orphelinat des enfants de l'industrie porcelainière a été ouvert, vers 1873, aux dépens de MM. Le Myre de Villers et Adrien Dubouché ; des crèches ont été organisées en 1878 sur l'initiative de Mme Massicault ; un asile de vieillards a été fondé au château de la Choine près Brive (2), en 1886, grâce à une donation de M. Charles Gobert ; l'asile Ste-Madeleine de Limoges et la réorganisation de l'établissement du Mas-Eloi (3) datent de 1876 ; enfin l'assistance publique vient de recevoir dans les campagnes de la Haute-Vienne un commencement d'organisation. C'est de ce côté que doit porter désormais l'effort de l'initiative privée et des pouvoirs publics.

Comme conséquence de la loi de 1889, des écoles primaires ont été établies jusque dans les moindres communes, et des écoles normales d'institutrices ont été organisées dans les trois départements. L'école normale d'instituteurs de Limoges avait été relevée dès 1873. Le recrutement du personnel enseignant est donc assuré. Par la fondation d'écoles primaires supé-

---

(1) 46 à Limoges, 14 à Tulle, 14 à Guéret en 1889.

(2) La Creuse ne possède aucun établissement de ce genre.

(3) Appelée aussi Ecole de réforme de Saint-Eloi ou de Mayéras, commune de Chaptelat, près Limoges.

rieures à Limoges, Bellac, St-Junien, St-Léonard, Bourganeuf et La Souterraine (1), par la réorganisation des deux écoles d'art décoratif d'Aubusson et de Limoges en 1881, les industries locales et les services publics ont recruté des auxiliaires plus instruits.

Les collèges communaux d'Uzerche et d'Ussel étaient tombés sous le second Empire. Ceux de Magnac-Laval et de St-Junien ont disparu à leur tour (1874 et 1884). Mais les collèges de Guéret et de Tulle sont montés au rang de lycées. Limoges a institué en 1881, Brive en 1889, des cours d'enseignement secondaire pour les jeunes filles, et Guéret leur a même ouvert un lycée (1887). De nouvelles sociétés savantes à Brive, Tulle (1878), Limoges (*Gay-Lussac*, 1885) ; de nouvelles collections scientifiques, publiques ou privées, se sont encore formées et ont permis d'importantes publications d'histoire provinciale. L'inventaire des richesses historiques de la région (commencé avec les catalogues d'Emile Ruben, en 1855) a été poursuivi avec fruit. Le dialecte local a été, pour la première fois, scientifiquement étudié dans la *Grammaire limousine* de M. Camille Chabaneau, juste au moment où il reprenait une nouvelle vie littéraire, grâce à l'abbé Joseph Roux. Des expositions artistiques ont eu lieu à Limoges en 1879, 1886 et 1889, à Tulle en 1887. En dépit des réserves qu'on peut faire, des critiques qu'on peut formuler, de la modestie qui convient, quand on considère ce qui se fait ailleurs, ce sont là des faits importants dont les conséquences se produiront dans un avenir prochain.

---

(1) Il n'y en a pas une seule dans la Corrèze.

Les travaux publics ont été poursuivis. Sous la forte impulsion de MM. Le Myre de Villers et Massicault, on a vu se construire successivement les lignes de Limoges à Brive sur Toulouse 1875, celle de Limoges à Angoulême sur la Rochelle 1875, celle de Limoges à Ussel sur Clermont 1880, celle de Limoges à Bellac sur Poitiers 1880, celle de Montluçon à Eygurande et Largnac 1883, avec prolongement ultérieur sur Aurillac. La ligne de Brive à Tulle, inaugurée en 1871, a été prolongée sur Ussel et Clermont en 1880 et 1881. — Nous omettons quelques lignes affluentes, d'intérêt local, et la grande ligne de Limoges à Montauban par Uzerche, Brive, Cahors, qui n'est pas encore terminée.

Certes, la construction des chemins de fer a corrigé, pour le Limousin, les désavantages de sa situation géographique, mais ne les a corrigés qu'en une faible mesure, car les fleuves restent, partout où ils sont navigables, les voies de transport préférées pour certaines marchandises. Le Rhin, par exemple, que longe sur chaque rive une voie ferrée ininterrompue, le Rhin est encore sillonné, à l'heure actuelle, de Bâle à Emmerich et Rotterdam, par plus de 4,000 chalands qui font escale à 15 ports principaux. Le canal de la Loire à la Garonne, depuis si longtemps projeté, rendra au Limousin les mêmes signalés services.

Quoi qu'il en soit, grâce au premier développement des voies de communication rapides, les relations commerciales se sont étendues, et Limoges qui ne possédait qu'un consulat en 1869, en possède aujourd'hui cinq.

En même temps que les chemins de fer, on a construit de nombreux édifices publics, particulièrement à Limoges (1). A Tulle, on a rebâti la préfecture (1878). A Guéret, Tulle, Brive, Magnac-Laval et Bellac, il a fallu élever des casernes pour loger les recrues du service obligatoire, des écoles dans la plupart des communes pour abriter les recrues de l'instruction obligatoire.

Grâce à celle-ci, introduite en 1882-83, il n'y aura sans doute plus d'illettrés, au XX° siècle, dans nos trois départements. Ce résultat mérite d'être relevé, quand on sait qu'il se trouvait dans la Haute-Vienne, 82 % d'illettrés en 1833, 69 % en 1863, 31 % en 1883, — à peu près même proportion dans la Corrèze. Seule la Creuse était un peu plus avancée.

La fondation de chaires d'agriculture dans chacun des trois départements limousins (2), et d'un établissement de pisciculture à Limoges, la constitution du Herd-book limousin, l'application du Code rural en 1889, ont répondu aux vœux de la population agricole qui représente dans la Haute-Vienne 60 %, dans la Creuse 61 %, dans la Corrèze 72 % de la population totale.

En dépit de la suppression du concours des plus imposés, la décentralisation administrative a fait un pas considérable par la loi de 1871 sur les Conseils généraux et par l'octroi aux Conseils municipaux du

---

(1) Voy. ci-dessus, page 84.

(2) Au XVIII° siècle, grâce à Turgot, Limoges possédait une des quatre écoles vétérinaires de France. Celles de Lyon, Alfort, Toulouse ont été maintenues ; celle de Limoges a disparu à la Révolution.

droit d'élire leurs maires, de discuter certaines questions réservées autrefois à la Préfecture. L'esprit municipal pourra renaître ainsi peu à peu dans les grandes villes.

Le chiffre de la population a sensiblement monté dans beaucoup de localités (1). A Limoges, il atteint aujourd'hui tout près de 70,000 âmes ; il sera bientôt de 100,000, et le chef-lieu de la Haute-Vienne constituera une force sociale, au besoin une force politique, qui sera à l'ouest du pays, toutes proportions gardées, ce qu'est Lyon à l'est, ce qu'est Toulouse au sud-ouest.

.·.

Nous avons constaté l'avance que la région de la Corrèze avait prise, sous l'ancien régime, sur celle de la Creuse. Par contre, au XIXᵉ siècle, les situations sont, sur quelques points, renversées. Guéret a sollicité dès 1828 une Ecole normale, fondé dès 1832 sa Société des sciences naturelles et archéologiques, organisé vers 1845 un Musée public qui n'est pas sans valeur, et construit en 1887 son Lycée de jeunes filles. De son côté, Aubusson renouant les traditions artistiques de son passé, a relevé ses manufactures de tapisseries ; et, la première en Limousin, la petite ville de Bourganeuf s'éclaire à l'électricité en s'aidant des « forces perdues » que la rivière voisine lui transmet à une distance de quatorze kilomètres. Il est donc permis de dire que le

_____

Voy. ci-dessus, page 77.

département de la Creuse a devancé celui de la Corrèze sur quelques points.

Cette avance serait plus sensible encore si nous voulions comparer l'une à l'autre les classes laborieuses de ces deux départements. Celles de la Creuse émigrent volontiers à Lyon et à Paris, d'où elles rapportent des idées d'amélioration, le besoin de l'instruction, le goût de la lecture, toutes choses que l'on ne rencontre guère dans la Corrèze. Les cinq journaux qui existent actuellement à Guéret, ont de nombreux lecteurs, tandis que ceux de Tulle, au nombre de quatre, ont quelque peine à se soutenir.

Par contre, la classe bourgeoise est, aujourd'hui encore, beaucoup plus riche en esprits cultivés dans la Corrèze que dans la Creuse. C'est qu'en effet, si les écoles primaires ont toujours été plus nombreuses dans celle-ci que dans celle-là depuis le commencement du siècle, les établissements d'enseignement secondaire le sont beaucoup moins. Le premier de ces deux départements s'est longtemps contenté du seul collège de Guéret et des deux petits séminaires d'Ajain et de Felletin (puisque le collège d'Aubusson ne remonte qu'à 1838) (1), tandis que l'autre a possédé, outre son collège de Tulle, les collèges de Brive, Treignac, Uzerche, Ussel et Bort, avec les petits séminaires de Brive et de Servières. Cette différence a son explication dans le passé (2).

De même encore, les œuvres d'assistance publique

_____

(1) Nous ne parlons pas des pensionnats dus à l'initiative privée.
(2) Voyez ci-dessus, page 134.

sont plus répandues dans la Corrèze que dans la Creuse. Pour 10 hôpitaux ou hospices et 33 bureaux de bienfaisance que possède maintenant celle-ci, la Corrèze a 14 hôpitaux ou hospices et 91 bureaux de bienfaisance, sans compter les établissements de La Cellette, Rabès et La Choine, qui n'ont point leurs similaires dans la Creuse.

*
* *

Le Limousin a donné au pays, depuis la Révolution, un certain nombre d'hommes connus dont nous devons au moins rappeler les noms : le baron Alexis Boyer † 1833, André Latreille † 1833, Guillaume Dupuytren † 1835, le comte Ch. Philibert de Lasteyrie † 1849, Gay-Lussac † 1850, Léon Faucher † 1854, Jean Cruveilher † 1874, Arthur de la Guéronnière † 1875, Michel Chevalier † 1879, Ch. Alex. Lachaud † 1882, Jules Sandeau † 1883, Edouard Allou † 1888, pour ne parler que des morts. Tous ont été des hommes de leur temps; mais leur influence, si profitable à la France, ne s'est point exercée d'une façon particulière sur leur province d'origine, exception faite pour le ~~comte~~ baron de Lasteyrie.

.
. .

Nous n'avons pu, dans les courtes pages qui précèdent, distinguer ce qui appartient en propre au gouvernement central de ce qui est dû à l'initiative des pouvoirs locaux ou des individus. Dans ce dernier chapitre, il n'y a guère lieu de songer à cette distinction, car presque tous les faits que nous aurons à enregistrer dérivent d'une initiative fort différente de celle de l'Etat.

A côté de la société civile, issue de la Révolution, s'est développée en effet, depuis le commencement du siècle, la société ecclésiastique qui s'est déclarée en hostilité avec l'esprit de la Révolution. Le gouvernement civil refusant désormais au catholicisme les privilèges de religion d'Etat, le continuel objectif du clergé a été de multiplier et de resserrer les liens qui l'unissent à la papauté, afin de retrouver à Rome le point d'appui qui lui manquait en France. C'est ce qu'on a appelé l'ultramontanisme, par opposition au gallicanisme du XVIIᵉ siècle. Il ne sera pas sans intérêt de montrer les étapes de cette conversion, qui devint manifeste surtout après 1830.

Au lendemain du schisme créé par la constitution civile de 1790, le régime de la séparation de l'Eglise et de l'Etat s'établit pendant quelques années pour le clergé réfractaire, bientôt aussi pour l'autre dans les conditions les plus dures. A partir de 1797, l'intolérance des pouvoirs publics se relâcha, et sous la courageuse impulsion des abbés Lair dans la Creuse, Legros, Vitrac et Labiche de Reignefort dans la Haute-Vienne, Pierre-Joseph Brival (1) et Jean-Noel Coste dans la

---

(1) Qu'il ne faut pas confondre avec Jean-Joseph Brival, son oncle, évêque constitutionnel de la Corrèze, et Jacques Brival, son frère, député du même département.

Corrèze, les églises se rouvrirent presque partout. Au bout de quelque temps, le concordat de 1801 sanctionnait ce mouvement, mais rétablissait en même temps l'union de l'Eglise et de l'Etat.

Les confréries de Pénitents reparurent en Limousin dès 1804: Les ordres religieux de femmes, presque tous dispersés par la Terreur, commencèrent à se reconstituer en se vouant spécialement aux œuvres de charité et d'enseignement : les sœurs de St-Roch en 1802, les sœurs de la Croix en 1807, les Clairettes en 1813, etc. (1). Les frères de la doctrine chrétienne furent appelés en 1818. A Limoges, le refuge du Bon-Pasteur date de 1834 ou 1835, l'orphelinat de la paroisse St-Michel (plus tard St-Joseph) de 1837, celui de la paroisse St-Pierre de 1845, celui de la paroisse St-Etienne de 1873 seulement (2).

La transformation en petits séminaires des institutions ecclésiastiques de Servières (1814), Le Dorat (1818), Ajain (1819), Felletin (1824) et Brive (1825) (3) aidèrent à repeupler le grand séminaire diocésain de Limoges (1811), bientôt aussi celui de Tulle (1824), et à recruter le clergé paroissial. La restauration en 1822 du diocèse de Tulle (supprimé en 1801) favorisa tout particulièrement ces progrès du clergé dans le département de la Corrèze. A Limoges il y avait déjà une « congrégation » qui s'affilia, le 12 février 1821, à la

_____

(1 et 2) Pour plus de détails sur ces fondations, voy. l'*Ordo* du] diocèse de Limoges

(3) Les dates sont celles de l'érection en petit séminaire. Mais la plupart de ces établissements existaient antérieurement sous d'autres noms.

célèbre Congrégation de Paris. Un décret de l'évêque de Limoges, de 1818, condamnant le livre de l'abbé Tabaraud sur la distinction du contrat et du sacrement de mariage, fit alors grand bruit.

La révolution de 1830 ralentit ce mouvement : avec la monarchie de Juillet, l'influence politique du clergé diminua. Grâce à une certaine mesure de liberté, des églises françaises vécurent quelque temps à Limoges et à Villefavard (1831 et ss.); le protestantisme reparut (1843), la franc-maçonnerie put agir au grand jour. Cependant l'institution des Conférences ecclésiastiques et des Conférences de saint Vincent de Paul, la fondation de la Société ouvrière de saint François Xavier et de la bibliothèque de propagande catholique de Limoges datent du règne de Louis-Philippe, ainsi que bon nombre de confréries qui retinrent les fidèles dans la dépendance du clergé. Les statuts diocésains, élaborés en 1838, furent pour la première fois soumis à Rome, mais, comme ils ne furent pas approuvés, restèrent lettre morte.

Les libertés octroyées par la seconde République, la loi de 1850 sur l'enseignement public (dite loi Falloux), le concile provincial tenu à Clermont en 1850 (1), les statuts synodaux édictés en 1853 (2), à la suite d'un grand synode diocésain, et surtout les tendances générales du nouvel Empire permirent de ressaisir l'influence un instant perdue. Les congrégations d'hommes

---

(1) Le premier qui ait été tenu dans la province ecclésiastique de Bourges depuis 1584.

(2) Ceux-ci furent approuvés à Rome.

(jésuites, oblats, franciscains, chartreux) reparurent. On créa le collège épiscopal St-Martial de Limoges et le collège cathédral d'Ussel, 1852; on réforma la liturgie dans le sens du rit romain (en 1853 à Limoges, en 1866 à Tulle); enfin on fonda la *Semaine religieuse* du diocèse de Limoges (1863), pour donner aux intérêts ecclésiastiques un organe de publicité.

Ce fut bien mieux encore sous la troisième République, à la faveur des libertés régnantes. Si les congrégations non autorisées ont été dissoutes (1880), si les ecclésiastiques ont été écartés des commissions scolaires et hospitalières, si l'enseignement des écoles communales a été laïcisé presque partout, si les confréries de pénitents se sont d'elles-mêmes éteintes, si les processions publiques ont été interdites (1880) et maintes prérogatives traditionnelles abolies, si le nombre des catholiques de nom a quelque peu diminué sous l'action du courant d'idées qui prévaut depuis 1878, du moins les œuvres catholiques se sont fait une large place dans la société. Sous l'impulsion du concile provincial tenu au Puy en 1873 et à l'instigation des congrès catholiques qui se sont réunis à Limoges à deux reprises, trois nouvelles paroisses se sont fondées dans notre ville depuis 1877 et des écoles confessionnelles ont été organisées partout où l'on a pu (1882 et ss.), pendant que des feuilles publiques spécialement dévouées au clergé — *Limousin et Quercy* (1870), *Gazette du Centre* (1881), *Semaine religieuse* du diocèse de Tulle (1881) — provoquaient une agitation proprement religieuse, que les pélerinages à Lourdes et à Rome, les conférences, les cercles et les confréries, toutes ces manifestations bien réelles de la liberté de tous, ont entretenue et entretiennent encore. A tout prendre le clergé et ses fidèles semblent avoir retrouvé une cohésion qui compense pour l'Eglise la perte de l'influence qu'elle exerçait autrefois sur l'Etat.

∴

Nous avons essayé de mettre en lumière la personnalité du Limousin. Autant sa caractéristique est forte pendant le moyen âge féodal, grâce aux autonomies locales, à l'esprit municipal, à l'activité intellectuelle de quelques monastères, aux productions des chroniqueurs, des troubadours et des orfèvres-émailleurs, aux influences du Nord et du Midi qui viennent se confondre sur la limite de leurs domaines respectifs, — autant elle est faible depuis plus de cinq siècles. L'homme s'y montre désormais à l'unisson du milieu tempéré où il vit. Il est médiocre dans ses idées, dans ses sentiments et dans ses actes. Alors que la vie générale de la nation se porte de plus en plus aux frontières, les Limousins subissent la conséquence de leur situation au centre de la France, sans communications naturelles avec le reste du pays, dans des villes de petite étendue, où ne saurait naître le goût d'agir pour de grands intérêts. D'ailleurs, depuis que l'émigration du XIVᵉ siècle l'a privée de ses meilleurs éléments vitaux, notre province (pour emprunter à la physiologie une comparaison expressive) semble comme atteinte d'anémie. Le Tiers-état s'empare, il est vrai, de la place que les clercs ont désertée, et s'y montre d'abord plein d'ardeur. Mais le Tiers-état est presqu'aussitôt enchaîné par la royauté, en sorte que pour le Limousin, comme pour les autres provinces de France, l'histoire interne, depuis le milieu du XVᵉ siècle, se résume en ceci : une succession d'efforts pour reprendre rang dans la patrie ; inversement une série d'interventions royales pour tout abaisser sous le niveau de l'unité politique. C'est dire que le riche développement artistique qui a illustré tant de villes d'Italie, que le puissant mouvement scientifique qui honore tant de villes d'Allemagne, que l'intensité de vie communale qui fait l'Angleterre si stable, sont autant de choses à peine saisissables chez nous. L'œuvre néfaste n'est point encore défaite qui, depuis Louis XI, en passant par François I, Richelieu, Louis XIV et Napoléon, épuise de parti pris les membres pour alimenter le cerveau. Le Limousin, plus que d'autres provinces, en a été la victime.

APPENDICE

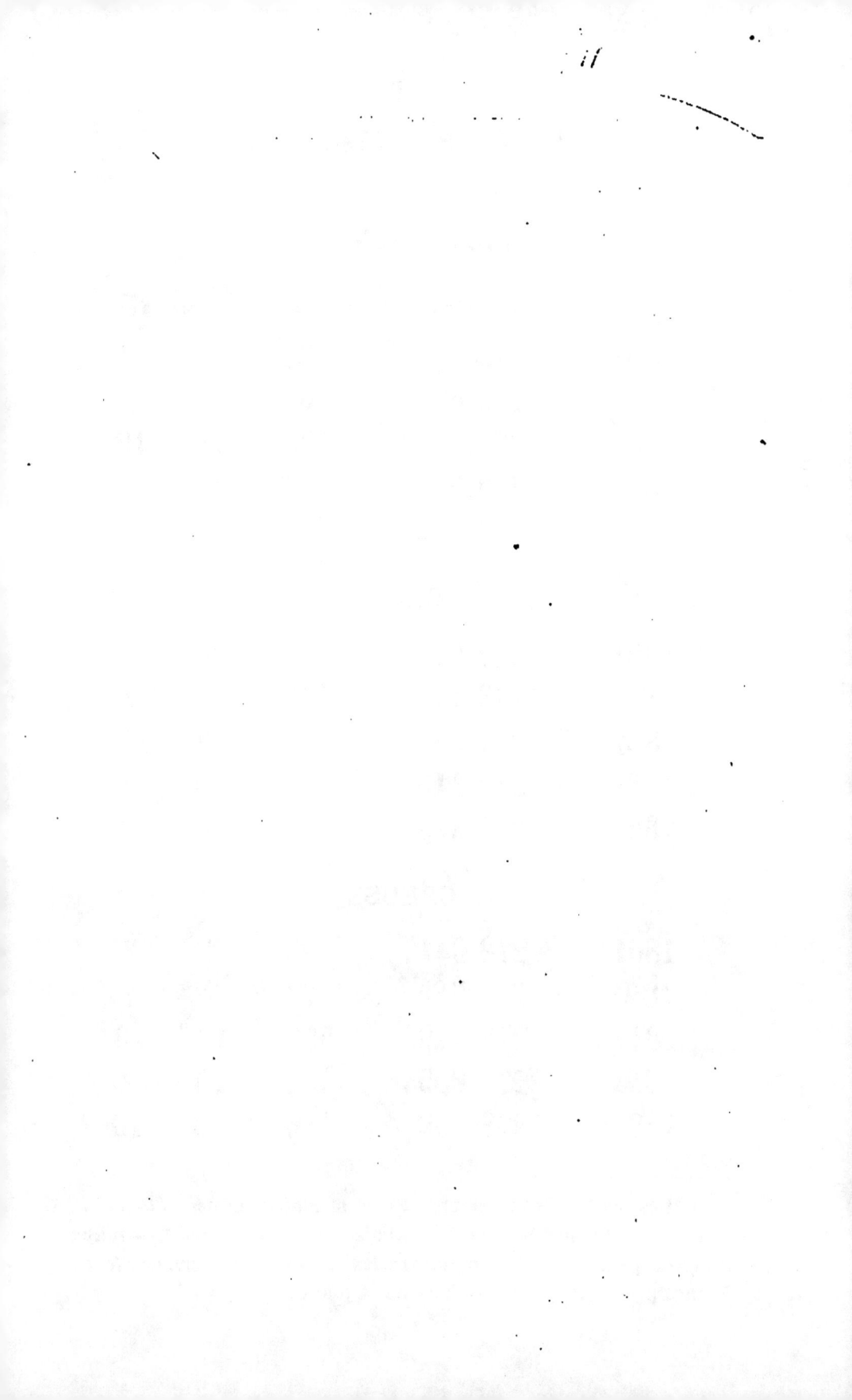

I. — Statistique

HAUTE-VIENNE (1)

Années.	Population.	Enfants naturels.	Crimes	
			contre les personnes	contre la propriété.
1801	245,150	332	?	?
1821	260,697	507	?	?
1841	292,848	720	14	19
1861	319,595	604	10	14
1881	349,332	730	14	20

CORRÈZE

1801	243,654	209	?	?
1821	273,418	475	?	?
1841	301,480	504	17	15
1861	310,118	585	9	11
1881	315,318	542	6	9

CREUSE

1801	218,041	303	?	?
1821	248,785	531	?	?
1841	278,029	555	12	13
1861	270,055	486	13	6
1881	278,782	416	8	10

(1) Les chiffres sont empruntés à la *Statistique générale de la France* publiée par les soins du Ministère de l'Agriculture, — et aux *Comptes généraux de l'administration de la justice criminelle en France* présentés par le Ministre de la justice.

II. — Liste des hauts fonctionnaires.

PRÉFETS DE LA HAUTE-VIENNE (1).

Pougeard-Dulimbert, nommé en mars 1800; — Texier-Olivier, en mai 1802; — de Brosses, en juillet 1814; — Texier-Olivier, en mars 1815; — De Flavigny, en juillet 1815; — De Barrens, en mars 1816; — De Castéja, en mars 1819; — De Wismes, en août 1823; — Coster, en octobre 1824; — De Théis, en août 1830; — Sc. Mourgues, en juillet 1833; — Germeau, en juillet 1835; — Renauldon, en mai 1838; — Morisot, en août 1841; — Comité exécutif constitué le 25 fév. 1848 : Th. Bac, Dussoubs, Chamiot, Courcel-Seneuil et Devillegoureix, — Maurat-Ballange, commissaire en mars 1848; — F. Duché, commissaire en mai 1848 et préfet en juin 1848; — F.-A. Titot, en août 1848, De Mentque, en janv. 1849; —, Combes-Siéyés (non installé); — Migneret, en juillet 1852; — Petit de Lafosse, en mars 1853; — De Coétlogon, en nov. 1856; — D'Auribeau, en mars 1861; — L.-A.-H. de Bouville, en janv.1862; — Boby de la Chapelle, en juillet 1863; — Demanche, en mars 1868; — D'Arnoux, en août 1869; — Garnier, en fév. 1870; — Georges Périn, en sept.

---

(1) La liste des hauts fonctionnaires du Limousin antérieurement à la Révolution a été plusieurs fois publiée. Nous ne la reproduirons donc pas ici; mais nous dresserons celle des préfets, évêques, premiers présidents, procureurs généraux et généraux commandants depuis la Révolution, parce qu'elle se trouve beaucoup plus difficilement.

1870; — Massicault, en oct. 1870; — L. Delpon, en mars 1871; — F. Cottu, en mai 1872; — Le Myre de Villers, en mai 1873; — T. Sébastiani, en mai 1877; — J. Massicault, en déc. 1877; — H. Fresne, en mars 1882; — E. Lebœuf, en avril 1883; — L. Michel, en mars 1886; — Stéhélin, en janv. 1888; — A. Faure de Beauregard, en déc. 1888.

PRÉFETS DE LA CORRÈZE.

De Verneuil de Puyraseau, nommé en mars 1800; — Millet-Murcau, général de division, en avril 1802; — Perrier, en fév. 1810; — De Vaulchier, en juillet 1815; — De Rigny, en janv. 1816; — Harmand d'Abancourt, en avril 1817; — Finot, en fév. 1819; — De Villeneuve, en sept. 1824; — De Bondy, en août 1830; — Th. Thomas, en juillet 1833; — Meunier, en oct. 1838; — Chamiot, Ceyras, Maillard, en fév. 1848; — Chamiot, en juin 1848; — Coppens, en oct. 1848; — Planet, en déc. 1848; — Bailleux de Marizy, en janv. 1849; — De Saint-Marsault, en juin 1849; — Bourdon, en déc. 1849; — Michel, en déc. 1851; — Demonts, en avril 1858; — Baragnon, en mai 1860; — Bohat, en avril 1861; — Marlière, en mai 1864; — Lempereur de Saint-Pierre, en déc. 1865; — Péchin, en janv. 1870; — Latrade, en sept. 1870; — De Langsdorff, en juin 1871; — Oustry (non acceptant), en janv. 1872; — De Lajonkaire, en mars 1872; — De Bure, en mai 1873; — Tripier (non acceptant), en déc. 1874; — Sanial du Fay, en déc. 1874; — Glaize, en avril 1876; — Marrot, en janv. 1877; — Falret de Tuite, en mai 1877; — Chassoux, en juillet 1877; — De Lassuchette

(non acceptant), en déc. 1877 ; — Ribert, en déc. 1877 ;
— Blondin, en nov. 1878 ; — Crousse, en sept. 1879 ;
— Gragnon, en juin 1880 ; — Briens, en nov. 1881 ;
— Frémont, en avril 1883 ; — Grenier, en avril 1885 ;
— Barrabant, en nov. 1886 ; — Drouin, en avril 1887.

PRÉFETS DE LA CREUSE.

Musset, nommé en mars 1800 ; — La Salcette, en
mars 1802 ; — Maurice, en mars 1807 ; — De Martroy,
en fév. 1810 ; — Despagnat, commissaire extraordinaire en mars 1814 ; — D'Allonville, en avril 1814 ; —
De Chaillou, en mars 1815 ; — De Waters, en juillet
1815 ; — De Beslisle, en août 1816 ; — Garnier, en fév.
1817 ; — De la Villeneuve, en janv. 1823 ; — Finot, en
sept. 1824 ; — De Fussy, en mars 1828 ; — Saint-Luc,
en nov. 1828 ; — Frotté, en avril 1830 ; — Dechamps,
en août 1830 ; — Ménard, en oct. 1838 ; — Fleury, en
oct. 1839 ; — Delamarre, en fév. 1842 ; — Petit de
Lafosse, en juillet 1847 ; — Leclerc, commissaire extraordinaire, en fév. 1848 ; — Guisard, commissaire
extraordinaire, en fév. 1848 — Boissier, commissaire
extraordinaire, en mars 1848 ; — Bureau-Dextivaux,
en avril 1848 ; — Sohier, en oct. 1848 ; — Leroy, en
sept. 1849 ; — Durand-Saint-Amand, en nov. 1849 ;
— Ladreit de la Charrière, en sept. 1851 ; — Girard de
Villesaison, en avril 1853 ; — De Martel du Porzou, en
mars 1856 ; — De Matharel, en août 1856 ; — Salles,
en août 1859 ; — De la Rousselière, en janv. 1861 ; —
Tharreau, en avril 1865 ; — De Jessaint, en janv. 1868 ;
— Lepeintre, en mars 1869 ; — Conrad, en oct. 1869,

— Martin Nadaud, en sept. 1870; — Hendlé, en mars 1871; — Amiard, en fév. 1873; — Fournier-Sarlovèze, en mai 1873; — T.-E. Sébastiani, en août 1874; — Lorois, en avril 1876; — Porteu, en mai 1877; — De Lestaubière, en déc. 1877; — Cazelles, en mars 1878; — Laurens, en mars 1879; — Périgois, en janv. 1880; — Javal, en juillet 1881; — Dumonteil, en avril 1883; — Mastier, en mai 1886; — Liébert, en janv. 1888; — Edgar Monteil, en juin 1888.

ÉVÊQUES DU DIOCÈSE DE LIMOGES.

Gay de Vernon, constitutionnel, élu en fév. 1791. — J. M. P. du Bourg, nommé en avril 1802; — J. P. G. de Pins, en nov. 1822; — P. de Tournefort, en oct. 1824; — B. Buissas, en juin 1844; — J. F. Desprez, en mars 1857; — F. P. Fruchaud, en juillet 1859; — A. Duquesnay, en oct. 1871; — P. H. Lamazou, en fév. 1881; — F. B. J. Blanger, en juillet 1883; — F. L. J. Renouard, en fév. 1888.

ÉVÊQUES DU DIOCÈSE DE TULLE

J. J. Brival, constitutionnel, élu en fév. 1791; — (Suppression du siège en 1801) — C. J. F. X. de Sagay, nommé en avril 1823; — A. de Mailhet de Vachères, en avril 1825: — J. F. L. Berteaud, en juillet 1842; H. C. D. Denéchau, en octobre 1878.

ÉVÊQUES DU DIOCÈSE DE GUÉRET

J. F. Mourellon, constitutionnel, élu en fév. 1791 (démissionnaire); — M. A. Huguet, constitutionnel, en mai 1791.

PREMIERS PRÉSIDENTS DE LA COUR D'APPEL DE LIMOGES

Et. Larivière, nommé en juin 1811 ; — De Bernard, en juil. 1818 ; — De Gaujal, en fév. 1821 ; — Tixier-Lachassagne, en oct. 1837 ; — St-Luc Courborieu, en avril 1864 ; — H. Lézaud, en déc. 1867 ; — Lescouvé, en oct. 1878 ; — Montaubin, en nov. 1882 ; — Oger du Rocher, en mai 1883.

PROCUREURS GÉNÉRAUX PRÈS LA COUR D'APPEL DE LIMOGES.

Roulhac de Faugeras, nommé en juin 1811 ; — Bouvier, en juillet 1818 ; — Gaye de Martignac, en juillet 1820 ; — Brière, en juin 1822 ; — Guernon de Ranville, en avril 1823 ; — Séguy, en juillet 1826 ; — Cabasse, en déc. 1829 ; — Dumont de St-Priest, en août 1830 ; — Allègre, en fév. 1848 ; — Descoutures, en mars 1848 ; — Allègre, pour la seconde fois, en mars 1848 ; — Hennau, en juin 1848 ; — De Sibert-Cornillon, en août 1849 ; — De Peyramont, en mars 1851 ; — De Marnas, en déc. 1851 ; — Mégard, en oct. 1852 ; — St-Luc Courborieu, en mai 1857 ; — Olivier, en avril 1864 ; — Mazel, en avril 1867 ; — Decous de Lapeyrière, en fév. 1870 ; — Chamiot, en sept. 1870 ; — Vaulogé, en mai 1873 ; — Preux, en mai 1875 ; — Froissart, en sept. 1877 ; — Piette, en juillet 1880 ; — Faye, en sept. 1883 ; — Baudouin, en janv. 1885.

GÉNÉRAUX COMMANDANTS DE LA 21ᵉ DIVISION MILITAIRE A LIMOGES

Dufourc d'Antist, nommé en déc. 1851 ; — Corbin, en avril 1853 ; — Féray, en fév. 1857 ; — Cousin-Montauban, en janv. 1858 ; — Lafont de Villiers, en nov. 1859 ; — De Bonnemains, en avril 1871 ; — De Lartigue, en juin 1871.

GÉNÉRAUX COMMANDANTS DU 12ᵉ CORPS D'ARMÉE A LIMOGES

De Lartigue, nommé en sept. 1873 ; — Schmitz, en fév. 1879 ; — De Galliffet, en fév. 1882 ; — Japy, en fév. 1885 ; — baron De Launay, en fév. 1888.

ERRATUM

P. 32, ligne 17, au lieu de *commencement du X° siècle*, corr. *milieu du X° siècle*.

P. 67. — L'Académie de Limoges, comprenant les départements de la Haute-Vienne, de la Creuse et de la Corrèze, a pris fin non pas après la loi de 1850, mais par décret du 7 septembre 1848. La Haute-Vienne fut alors réunie à l'Académie de Poitiers, la Creuse et la Corrèze à celle de Clermont. Il faut donc, p. 70, ligne 23, corriger 1850 en 1848.

P. 100, note. Au lieu de 1346, corr. 1846.

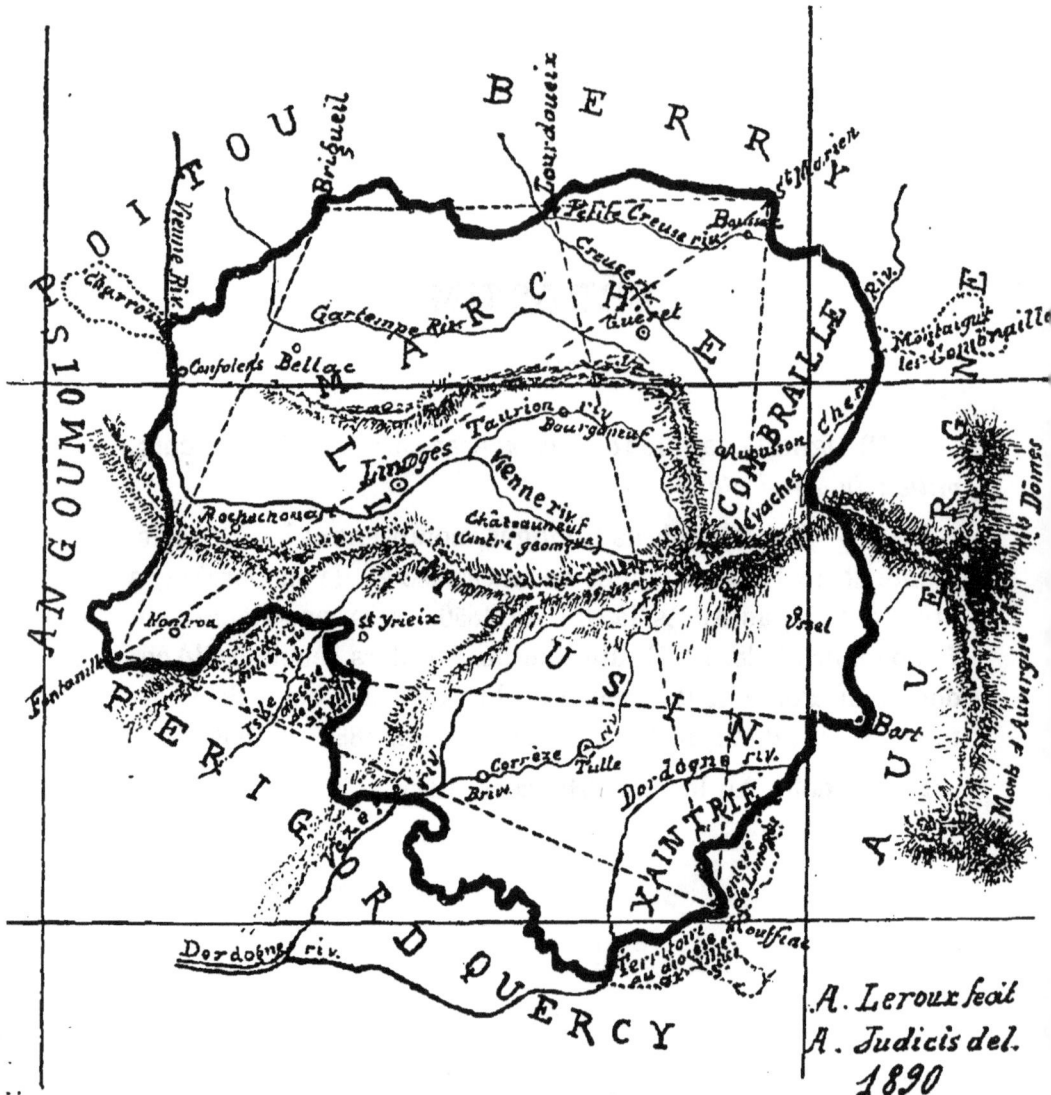

POITOU · BERRY · ANGOUMOIS · PÉRIGORD · QUERCY · AUVERGNE · MARCHE · COMBRAILLE

Briqueil · Tourdoueix · St Marien · Petite Creuse riv · Baskiar · Creuse riv · Guéret · Montaigut les Combrailles · Vienne Riv · Charroux · Confolens · Bellac · Gartempe Riv · Taurion riv · Bourganeuf · Aubusson · Chavanon · Rochechouart · Limoges · Vienne riv · Châteauneuf (Centre géomtre) · Fontanille · Montron · St Yrieix · Isle riv · Corrèze riv · Tulle · Vezel · Bart · Brive · Corrèze · Dordogne riv · XAINTRIE · Monts d'Auvergne · Puy Dôme · Dordogne riv · Territoire au diocèse de Limoges · Mouffiac · LIMOUSIN

A. Leroux fecit
A. Judicis del.
1890

CARTE DU LIMOUSIN

(avec l'indication des Chefs-lieux d'arrondissement)

TABLE DES MATIÈRES

Géographie historique.

Histoire générale.

Limoges. — F. Plainemaison, imprimeur de la Préfecture, rue des Grandes-Pousses, 10.

www.ingramcontent.com/pod-product-compliance
Lightning Source LLC
Chambersburg PA
CBHW070635100426
42744CB00006B/691